PEPE PESCHEL

BASEN FASTEN

FÜR BERUFSTÄTIGE

DER SÄURE-BASEN-HAUSHALT IM EINKLANG

EIN BUCH DER
EDITION MICHAEL FISCHER

INHALT

BASENGLÜCK – **FOOD** 40

BASENGLÜCK – **TREATMENT** 56

VORWORT

Liebe Leserinnen und Leser,

eine vitalstoffreiche, basenbildende Vollwertkost ist der wichtigste Grundstein für ein langes und vor allem gesundes Leben. Denn nicht nur die Liebe geht durch den Magen, unsere Gesundheit tut es ihr gleich!

Doch unsere heutige Ernährungs- und Lebensweise ist leider oft alles andere als förderlich – sie lässt uns im wahrsten Sinne des Wortes sauer werden. Stress in unserem Alltag, Fast Food und Genussmittel, Bewegungsmangel oder auch Umweltgifte verschiedenster Art bringen das „Fass Mensch“ mitunter schnell zum Überlaufen.

Um sich gegen all diese Stressoren zu wappnen und mit allen wichtigen Funktionen und Strukturen leistungsfähig zu bleiben, benötigt unser Körper eine optimale Versorgung mit Vitalstoffen. Dazu gehören alle Makronährstoffe – also Kohlenhydrate, Fette und Eiweiße – wie auch Vitamine, Mineralstoffe und Aminosäuren bis hin zu den Ballaststoffen und wertvollen sekundären Pflanzenstoffen. Bei Letzteren steckt die Wissenschaft bisher praktisch noch in den Kinderschuhen, und nicht alle Wirkungen der heute bekannten sekundären Pflanzenstoffe sind erforscht. Jedoch können sie offensichtlich eine Vielzahl verschiedener Stoffwechselprozesse positiv beeinflussen, und man ahnt jetzt schon, welch großes Potenzial sekundäre Pflanzenstoffe für die Gesundheit des Menschen bergen!

Mit einer basenreichen Ernährung – optimal im Verhältnis 80:20 – können Sie Ihren Organismus bestmöglich unterstützen. Das heißt: Für Ihre optimale Säure-Basen-Balance sollten zu 80 Prozent basenbildende und neutrale Lebensmittel wie zum Beispiel Gemüse, Obst, gute Pflanzenöle und glutenfreie Pflanzen auf dem Teller landen. Die anderen 20 Prozent können säurebildende Nahrungsmittel wie Fleisch, Fisch, Milchprodukte oder proteinreiche Hülsenfrüchte ausmachen, die – achtsam und in Maßen konsumiert – ebenfalls wichtig für den Stoffwechsel sind.

Wer also überwiegend auf pflanzliche Kost setzt und stark verarbeitete, säurebildende Lebensmittel weitestgehend vom Speiseplan streicht, profitiert doppelt: von wertvollen gesundheitsfördernden Vitalstoffen einerseits und vom Verzicht auf mögliche Krankmacher andererseits. Darunter beispielsweise Rückstände aus der Landwirtschaft, Pökelsalze, Industriezucker, fragliche Zusatzstoffe oder Transfette. Zudem gilt das Motto: regional,

saisonal und biologisch! Beachten Sie dies am besten bei jedem Ihrer Einkäufe. Das wirkt sich nicht nur auf die Qualität der Mahlzeiten, sondern ebenso auf deren Geschmack aus.

Einfühlsam und mit vielen Beispielen beschreibt die Autorin dieses Ratgebers, Pepe Peschel, wie Sie dabei vielen Risikofaktoren auch im stressigen Alltag proaktiv entgegenwirken können – für eine große Portion ganzheitliche und nachhaltige Gesundheit in allen Lebenslagen. Pepe Peschel stellt viele Glücksgriffe wie alltagstaugliche Soforthelfer und bewährte natürliche Energiespender vor. Damit können Sie dann anhand der vielfältigen Rezeptvorschläge (ab Seite 64) selbst experimentieren, ausprobieren und vor allem – genießen, und zwar mit allen Sinnen, denn: Mit einer ausgewogenen Ernährung und der richtigen Säure-Basen-Balance können Sie eine effektive Präventionsarbeit leisten. Nehmen Sie noch heute Ihre Gesundheit selbst in die Hand, jeder von uns hat enorm viele Möglichkeiten dazu.

Ihr Dr. h. c. Peter Jentschura

BASENGLÜCK – **BASICS**

Säureüberschuss ist Ausdruck deines modernen Lebens. Da ist das oft hektische Arbeits- und Freizeitverhalten, kombiniert mit viel Fast Food und industriell verarbeiteten Produkten. Dazu ein gehöriger Schuss Umweltbelastung – etwa Feinstaub, Schadstoffausdünstungen in Räumen oder aus Textilien. Elektrosmog und Weichmacher in Kunststoffen tun ihr Übriges. Wie kann all das zu einer Übersäuerung führen? Welche Folgen resultieren daraus? Und wie kannst du deinen Körper davor schützen? Bevor wir die Säurelast über Bord werfen, damit du Zelle für Zelle energievoll bleibst und sogar deine biologische Uhr zurückdrehen kannst, stelle ich dir zunächst einige Basenglück-Basics vor, damit du die komplexen Zusammenhänge und Aufgaben deines Säure-Basen-Haushalts nachvollziehen kannst. Also: Hereinspaziert, bitte setz dich, schnall dich an und lass uns dein Basenabenteuer mit einer kleinen Zeitreise beginnen.

MEIN MILIEU – BASISCH GUT

- 3, 2, 1 … UND BITTE!
- SEI NICHT SAUER!

3, 2, 1 ...
UND BITTE!

Sauer macht lustig? Das würde dein Säure-Basen-Haushalt sicher nicht vorbehaltlos unterschreiben. Während vielfältige Stressfaktoren und vor allem säurebildende Nahrungsmittel die Säurelast stetig nach oben treiben, wird Basisches zumeist schmerzlich vermisst. Machten früher pflanzliche Lebensmittel mit einem hohen Anteil komplexer Kohlenhydrate und Ballaststoffe den Hauptbestandteil unserer Ernährung aus, mampfen wir heute überwiegend tierische Erzeugnisse – das ist für uns nicht artgerecht, wie du später noch erfahren wirst.

ERNÄHRUNG IM WANDEL: EINE KLEINE ZEITREISE

In den vergangenen circa 120 Jahren hat sich das, was da so auf deinem Teller landet, tatsächlich enorm gewandelt. Falls bei dir das Essen zum Beispiel ganz unkompliziert aus der Gefriertruhe kommt: Wusstest du, dass es Tiefkühlkost erst seit 1955 überhaupt gibt? Solltest du auch gern mal die schnelle Dose bevorzugen: Die ersten Konserven mit Ravioli standen im Jahr 1958 im Regal – ein Verkaufsschlager bis heute, wie du sicher weißt. Reisen wir noch weiter zurück: Bereits 1886 gelang dem Schweizer Michael Johannes Julius Maggi ein sensationeller Durchbruch mit seiner Erfindung von Suppen aus der Tüte. Der Siegeszug von Trockennahrungsmitteln und Fertigprodukten nahm dynamisch Fahrt auf. Freilich seinerzeit aus anderen Motiven als heute: Unternehmer Maggi motivierte ein großes Problem zu Beginn der Industrialisierung und das war – eine Unter- beziehungsweise Mangelernährung. Kaum zu fassen, dass das gerade einmal gut 100 Jahre her ist und wir uns heute, pardon, fettleibig und krank fressen.

Einige interessante Umfragewerte in diesem Zusammenhang: (Referenzjahr 2018, Quelle: Statista)

- 465.848 Tonnen Tiefkühlfertiggerichte werden jährlich verkauft
- 42 Prozent der Deutschen und mehr (ab 14 Jahren) schwören vielfach im Monat auf Tiefkühlpizza
- 18,36 Millionen essen mehrmals pro Woche abgepackte Wurst aus dem Kühlregal
- 60,2 Kilogramm pro Kopf und Jahr beträgt unser Fleischkonsum insgesamt
- 4,1 Millionen Tonnen macht alleine der jährliche Gesamtverbrauch von Schweinefleisch aus

Die Konsequenz dieser Ernährung ist aktuellen Erhebungen zufolge, dass sich inzwischen jeder 5. Todesfall (!) auf eine ungesunde Ernährung zurückführen lässt. Sorry, ich weiß, das war jetzt eine ziemlich unsanfte Landung im Heute. Doch sieht die Realität – um es mit Worten des russischen Schriftstellers Leo Tolstoi (1828 bis 1910) zu sagen – so aus: „Die Menschen gehen lieber zugrunde, als dass sie ihre Gewohnheiten ändern." Wenn du den Teufelskreis durchbrechen und weiterlesen möchtest: Bingo! Endlich raus aus dem Trott der Masse – mit gesunder Ernährung und einem gesunden Lebensstil. #newenergy #newlife #mehrlebensfreude #mehrerfolg #mehrspaß #ilike

STOFFWECHSEL IM GLEICHGEWICHT

Zweifelsohne ist die Verführung für ungesunde Gewohnheiten groß: Überall und jederzeit steht uns ein unbegrenztes Angebot an Convenience-Produkten zur Verfügung. So lecker und praktisch wir das vielleicht auch finden, in unserem Säure-Basen-Haushalt kommen die zumeist vielen tierischen und hochverarbeiteten Nahrungsmittel leider gar nicht gut an, denn sie werden allesamt sauer verstoffwechselt. Die Säure-Basen-Balance kippt. Das Gleichgewicht von Säuren und Basen ist jedoch ein wichtiges Ziel der Selbstregulation deines Körpers (Homöostase) und für dein Wohlbefinden von zentraler Bedeutung. Viele körperliche Funktionen wie Atmung, Kreislauf, Verdauung, Abwehrkraft oder Hormonhaushalt werden dadurch aufrechterhalten. Bei einem optimal ausbalancierten Stoffwechselmilieu sind deine Zellen, Gewebe und Organe am besten mit allen lebenswichtigen Vitalstoffen versorgt und können so auch stressresistent bleiben. Entscheidend ist daher, deinen Körper jederzeit ausreichend mit basenbildenden Lebensmitteln zu versorgen. Treffen ein Säure- und ein Basenmolekül zusammen, entsteht ein neutrales Salzmolekül, das problemlos ausgeschieden und so deinen Zellen nicht mehr schaden kann. Basenbildner sind also deine Schutzschilde. Sie wappnen dich für die Fülle saurer Einflüsse, die unser Lebensstil so mit sich bringt.

PH-WERT (POTENTIA HYDROGENII)

Je mehr Wasserstoffionen in einer Lösung vorhanden sind, desto kleiner ist der pH-Wert. Säuren liegen im Bereich zwischen pH 0 und pH 6,9, Basen haben einen pH von über 7.

0 steht für stark sauer

7 steht für neutral

14 steht für stark basisch

BRISANT: Weil der regelrechte Ablauf aller biochemischen Reaktionen davon abhängt, ist ein stabiler pH-Wert so wichtig: Im Magen ist er mit pH 1,5 im Mittel sehr sauer. Urin hat etwa einen Wert von pH 6, dein (Ruhe-)Speichel einen pH-Wert von 7,0 bis 7,8. Der Normbereich deines Blutes mit einem pH-Wert von 7,37 bis 7,43 darf unter gar keinen Umständen verlassen werden.

SEI NICHT
SAUER!

Wenn du emotional so richtig sauer bist, kann es hilfreich sein, innezuhalten, weiteren Ärger und Stress zu vermeiden oder im Idealfall eine Auszeit zu nehmen: schnellstmöglich – zum Beispiel beim Sport oder an der frischen Luft – den Frust abzubauen. Was aber, wenn dein Körper dauerhaft sauer wird? Immer mehr Ganzheitsmediziner*innen und Naturheilkundler*innen sind sich einig, dass unser Alltagsleben – das nicht selten nach dem Motto „Höher, schneller, weiter – aber bitte auch recht bequem!" gelebt wird – enorme Säurefluten mit sich bringen kann. Und die bedeuten für unseren Körper Schwerstarbeit pur.

SÄUREN BILDEN SICH STÄNDIG

Eine dauerhafte Schieflage im Säure-Basen-Haushalt stößt deinem Organismus buchstäblich sauer auf. Futterst du zum Beispiel mit Vorliebe tierische Erzeugnisse und damit tierisches Eiweiß aus zum Beispiel Fleischwaren oder Milchprodukten, bekommt er es mit großen Mengen schwefelhaltiger Aminosäuren wie Methionin zu tun – Eiweißbausteinen, die im Übermaß die Säurelast in deinem Körper erhöhen. Damit steigt auch der oxidative Stress in den Kraftwerken deiner Körperzellen, den Mitochondrien. Ein weiteres Beispiel ist Harnsäure, die natürlicherweise einerseits beim Abbau von Körperzellen entsteht, andererseits gemeinsam mit Schwefel- und Salpetersäure durch purinreiche Kost – so auch durch viel Fleisch, Innereien oder Wurst. Nicht zu vergessen Arachidonsäure, eine Fettsäure, von der beispielsweise Schweinefleisch besonders viel enthält. Hohe Mengen Arachidonsäure provozieren zunehmend entzündungsfördernde Botenstoffe in deinem Körper.

Unterm Strich stellt sich irgendwann die immer gleiche Frage: Wohin mit dem ganzen sauren Zeug? Im Blut ist ein leicht basischer pH-Wert absolute Pflicht. Weshalb umgehend alle verfügbaren Noteinsatzhelfer – allen voran das Hydrogenkarbonat-Puffersystem in deinem Blut – mobilisiert werden, um pH-Wert-Schwankungen aufzufangen. Was aber, wenn diese Blutpuffer permanent an ihre Grenzen geraten, Säuren auch nicht mehr vollständig ausgeschieden werden können? Dann bleibt nur eins: Erst mal ab damit ins Bindegewebe, das kurzerhand quasi zur Müllhalde umfunktioniert wird.

STILLE ENTZÜNDUNGEN SIND DIE FOLGE

Daneben muss sich dein Körper natürlich noch um Gärungssäuren, die vor allem durch Zuckerhaltiges provoziert werden, Gerbsäure aus Kaffee sowie Kohlen- oder Phosphorsäure aus Erfrischungsgetränken kümmern. Ähnlich säurebildende Wirkung haben Weißmehlprodukte wie auch Alkohol oder Nikotin.

Unterm Strich beansprucht eine hohe Säurelast bei gleichzeitigem Mangel an Ballaststoffen, Vitaminen, Mineralien und wichtigen sekundären Pflanzenstoffen die natürlichen Entgiftungskapazitäten enorm. Langfristig fördert sie stille Entzündungen (engl. *silent inflammations*) – daraus resultieren weitere gesundheitliche Konsequenzen (Seite 22 ff.). Währenddessen tut dein Körper wirklich alles dafür, dass du im Gleichgewicht bleibst. Beispiel: Wenn du große Mengen an Kohlenhydraten vertilgt hast, schufften die WG-Bewohner in deinem Darm wie die Wahnsinnigen – all die fleißigen Bakterien deines Darmmikrobioms (das sind übrigens 10-mal mehr als dein ganzer Körper Zellen hat), um die Nahrung optimal zu zerlegen. Dabei wird unter anderem Wasserstoff, Methan und Kohlendioxid (CO_2) produziert. Der Großteil der anfallenden Gase tritt ins Blut über und liegt dort physikalisch gelöst als Kohlensäure vor. Damit die Gase wieder entfernt werden, atmest du beispielsweise einiges davon über deine Lungen ab.

ANGRIFF AUF DIE KÖRPERABWEHR

Wie lange es deinem Körper nun gelingt, ein ständig wiederkehrendes Ungleichgewicht im Säure-Basen-Haushalt zu kompensieren, ist individuell verschieden und hängt unter anderem von deiner persönlichen Konstitution und deinem Lebensstil ab. Eine maßgebliche Stellschraube ist hier der erwähnte oft hohe Konsum vor allem tierischer Eiweiße. Daraus resultieren mitunter immense Mengen an Zellgiften wie Ammoniak. Dein Darm, in dem auch 70 bis 80 Prozent deiner Immunzellen zu Hause sind, kommt buchstäblich ins Schwitzen, denn: Nicht nur stören große Ammoniakfluten das ausgewogene Miteinander der WG-Bewohner im Darm, weil gesunde Darmbakterien wie etwa die Laktobazillen von potenziellen Krankmachern zunehmend zurückgedrängt werden. Die Fehlbesiedlung des Darmmikrobioms schwächt auch deine Abwehrkräfte empfindlich.

SAURE SPITZENREITER

Du möchtest deinem Körper große Säurelasten ersparen? Dann solltest du bei Folgendem deutlich auf die Bremse treten:

- säurebildenden tierischen Eiweißen (z. B. in Wurst, Fisch, Käse)
- schnell verfügbaren Kohlenhydraten (z. B. in Weißmehlprodukten) und Zuckerhaltigem
- gesättigten Fettsäuren (z. B. in rotem Fleisch) und Transfettsäuren (z. B. in Tütensuppen, Pommes, Backwaren, Süßigkeiten, Chips)
- Softdrinks und Fast Food
- Fertigprodukten mit einer Vielzahl an Zusatzstoffen
- Koffein, Alkohol und anderen Genussmitteln

BRISANT: Säuren in deinem Körper, die es zu neutralisieren gilt, resultieren neben einer einseitigen Ernährung übrigens auch aus der Einnahme bestimmter Medikamente und Schmerzmittel mit Wirkstoffen wie Diclofenac oder Acetylsalicylsäure.

DAS EXPERTEN-INTERVIEW MIT DR. MED. CLAUDIA THIEL

Der akademische Streit über die Frage, ob es einen Zustand wie chronische Übersäuerung – resultierend aus einer Schieflage von Säuren und Basen in deinem Organismus – überhaupt geben und ob dieser krank machen kann, begann schon vor mehr als 100 Jahren. Und diskutiert wird darüber bis heute. Der für die gleichnamige Kur bekannte Arzt Franz Xaver Mayr (1875 bis 1965) war einer der ersten, der seine beachtlichen therapeutischen Erfolge auf die Entgiftung übersäuerter Patienten zurückführte. Stimmt es nun, dass viele gesundheitliche Beschwerden folgen können, je saurer das Körpermilieu ist, oder stimmt das nicht? Darüber habe ich mit Dr. med. Claudia Thiel, Fachärztin für Innere Medizin und Ernährungsmedizinerin im Zentrum für Ernährungsmedizin und Prävention (ZEP) in Saarbrücken, gesprochen.

EIN PARADIGMENWECHSEL IST ÜBERFÄLLIG

- LATENTE ÜBERSÄUERUNG – GIBT ES!
- PROBLEM ERKANNT, GEFAHR GEBANNT
- DEIN LEBENSSTIL ENTSCHEIDET

LATENTE ÜBERSÄUERUNG – GIBT ES!

Frau Dr. Thiel, jede biochemische Reaktion ist sensibel vom pH-Wert in unserem Körper abhängig. Störungen des Systems Säure-Basen-Haushalt sind sogar relativ häufig, werden jedoch in der schulmedizinischen Praxis oft übersehen. Woran liegt das eigentlich?

C. Thiel: In der Schulmedizin spielt der Säure-Basen-Haushalt tatsächlich eine eher untergeordnete Rolle. Seine Wichtigkeit wird zwar in keiner Weise infrage gestellt, dabei jedoch vor allem der pH-Wert des Blutes betrachtet. Und der bleibt selbst bei chronisch kranken Patien-ten*innen oder nach sehr großer körperlicher Anstrengung zumeist konstant, das heißt, im Normbereich. Anderenfalls würde auch Lebensgefahr bestehen. Und genau auf diese Situationen ist man in der Schulmedizin spezialisiert – auf die pathologische Ansammlung von Säuren beziehungsweise den Verlust von Basen im Körper, die man an einem arteriellen pH-Wert unter 7,37 erkennt und als Azidose bezeichnet. Vor allem in der Notfallmedizin und auf Intensivstationen wird das Säure-Basen-Verhältnis streng überwacht, um bei Abweichungen unmittelbar eingreifen zu können.

Die Naturheilkunde kennt darüber hinaus aber auch den Begriff der latenten Azidose – ist also Übersäuerung nicht gleich Übersäuerung?

C. Thiel: Den Bereich, in dem wir von einer latenten Übersäuerung sprechen, können Sie tatsächlich nicht im Blut messen. Doch aus naturheilkundlicher Sicht sind viele chronische Leiden Folge einer solchen latenten Azidose. Dabei ist bereits ein Ungleichgewicht im Säure-Basen-Haushalt vorhanden, das sich aber nicht durch eine Abweichung des Blut-pH-Werts zeigt. Deswegen beschäftigen sich Naturheilkundler*innen und Ganzheitsmediziner*innen unter anderem auch mit der extrazellulären Matrix. Das ist der (aus Fasern und einer wässrigen Grundsubstanz bestehende) Gewebeanteil, der zwischen den Zellen im sogenannten Interzellularraum liegt und ein ganz wichtiges Transportmedium für die

Ernährung jeder Körperzelle darstellt. Herrscht dort ein Säureüberschuss vor, sprechen wir über einen bedeutenden Risikofaktor für praktisch alle Zivilisationskrankheiten. Ob eine Arthrose, ein Diabetes oder eine chronische Schmerzerkrankung. Ob der oder die Einzelne hier Handlungsbedarf hat, kann ein Tagesprofil des Urin-pH-Werts zeigen.

Wie sollte der Urin-pH denn aussehen?

C. Thiel: Er schwankt in Abhängigkeit von der Nahrungsaufnahme im Verlauf des Tages. Beim gesunden Menschen entsteht so eine Zickzackkurve, die insgesamt der Form des Buchstabens M gleicht – mit zunächst sauren Werten morgens und jeweils etwa 1 bis 2 Stunden zeitversetzt nach den Hauptmahlzeiten basischen Werten, also deutlich über pH 7. Mit solchen Schwankungen im Tagesprofil kann man von einem ausgeglichenen Säure-Basen-Haushalt ausgehen. Misst man dagegen relativ konstant saure pH-Werte, ist das ein Hinweis auf eine latente Übersäuerung. Der Urin-Teststreifen belegt, dass die Nieren permanent Säuren ausscheiden müssen. Ursache kann zum Beispiel ein Mangel an wichtigen Mineralstoffen und Spurenelementen sein.

DER URIN-PH GIBT ORIENTIERUNG

Die Urin-pH-Messung mit Teststreifen (z. B. aus der Apotheke) eignet sich für eine erste Orientierung, um eine latente Übersäuerung frühzeitig zu erkennen. Die Messmethode ist einfach, denn durch den Biorhythmus und die Nahrungsaufnahme treten pH-Wert-Schwankungen im Tagesverlauf auf.
So ist bei Gesunden der pH-Wert im Urin morgens typischerweise sauer, weil während der Nacht viele saure Stoffwechselprodukte ausgefiltert wurden. Im Laufe des Tages sollten die Werte dann 2 Messgipfel im basischen Bereich ausweisen, in der Regel nach den Hauptmahlzeiten – die Messkurve gleicht damit in etwa dem Buchstaben M. Um ein aussagekräftiges Messergebnis zu erhalten, solltest du mindestens 5-mal täglich messen, zum Beispiel nach dem Aufstehen, etwa 1 bis 2 Stunden nach dem Frühstück, vor dem Mittagessen, 1 bis 2 Stunden nach dem Mittagessen und vor dem Abendessen (beispielsweise um 7, 10, 13, 16 und 19 Uhr).

BRISANT: Für ein ausführlicheres Profil misst du alle 2 Stunden und vergleichst dann jeweils sofort die Farbe auf dem von dir verwendeten Teststreifen mit der pH-Wert-Skala auf der Verpackung. Am besten führst du die Messungen an mindestens 3 aufeinanderfolgenden Tagen auf diese Weise durch, um dir ein aussagekräftiges Bild von deinem Urin-Tagesprofil zu verschaffen.

Urin-pH-Messung mit Teststreifen

PROBLEM ERKANNT, GEFAHR GEBANNT

Kann sich das auch an für latente Übersäuerung typischen Beschwerden zeigen?

C. Thiel: Häufig klagen die Patienten*innen zunächst über Kopfschmerzen, Migräne oder auch Antriebslosigkeit. Viele denken sich auch erst einmal nichts dabei. Doch dann kommt es immer wieder zu unspezifischem Unwohlsein, Muskel- und Gelenkbeschwerden oder Hautunreinheiten. Das Problem ist, dass in dieser sauren Stoffwechsellage auch freie Radikale leichtes Spiel haben. Das heißt, über sehr lange Zeit können unbemerkt chronisch-entzündliche Prozesse voranschreiten und vielen Zivilisationskrankheiten den Weg ebnen.

Auf welche Warnsignale sollte man da noch achten?

C. Thiel: Übersäuerte Patienten*innen fühlen sich oft verkatert wie nach einer durchgefeierten Nacht, haben ihren Brummschädel aber nicht nur für einen Tag, sondern bei chronischer Übersäuerung eben dauerhaft. Dazu kommt in der Regel das Phänomen, im Berufsalltag nicht mehr im gewohnten Maße leistungsfähig zu sein. Nervosität oder Konzentrationsstörungen sind weitere typische Symptome. Schließlich führt die Übersäuerung zu starken Schmerzen, weil sich Körpergewebe in seiner Struktur verändert – praktisch als Müllhalde für die Säurelast herhalten muss. Zu den Folgeerkrankungen gehören auch Gicht oder Weichteilrheuma.

Könnte man auch so weit gehen zu sagen, dass durch Übersäuerung Alterungsprozesse beschleunigt voranschreiten?

C. Thiel: Ganz sicher ist das so. Schon alleine vor dem Hintergrund, dass die Abwehrkraft des Organismus negativ beeinflusst wird. Da brauchen wir uns nur unseren schnelllebigen Alltag und die zumeist ebenso schnelle und oft völlig unausgewogene Ernährung anzuschauen. Durch einen solchen Lebensstil erhöht sich das Risiko für Insulinresistenz, Diabetes, Bluthochdruck, Herzleiden oder Wirbelsäulenerkrankungen enorm. Oft geht dieser Entwicklung Übergewicht oder eine Adipositas, die Fettleibigkeit, voraus. Der Körper bekommt zwar reichlich Energie, sprich Kalorien, zugeführt. Doch ihm fehlen wichtige Basenbildner, das heißt, Mineralien, die einen steigenden Säuregrad ausbalancieren können. Die optimale Versorgung der Zelle mit Nährstoffen und Sauerstoff sowie der Abtransport von Stoffwechselendprodukten sind nicht mehr garantiert. Zusammenfassend kann man sagen, dass die chronisch-latente Übersäuerung nahezu alle Zell-, Organ- und Körperfunktionen beeinträchtigen und ja, auch die Alterung vorantreiben und letztlich sogar zur Krebsentstehung beitragen kann.

	... IST BEI LATENTER ÜBERSÄUERUNG	... IST BEI AUSGEWOGENER SÄURE-BASEN-BALANCE
BLUTDRUCK	erhöht	im Normbereich
PULSSCHLAG	erhöht	normal
BLUTZUCKER	erhöht	normal
STIMMUNG/GEMÜT	misslaunig, müde, matt, bedrückt, energielos	fröhlich, agil, gehoben, zufrieden, energievoll
NERVENSYSTEM	überreizt (Ausschüttung von Stresshormonen), spürbar unruhig	ausgeglichen
LEISTUNGSFÄHIGKEIT	niedrig mit sinkender Konzentrations- und Aufnahmefähigkeit, nachlassende Ausdauer	erhöht mit steigender Konzentrations- und Aufnahmefähigkeit, erhöhte Ausdauer
BEWEGUNGSAPPARAT	fest, steif, verspannt	locker, beweglich, entspannt
SCHLAF	gestört, unterbrochen mit deutlichen Einschlafschwierigkeiten	ungestört, ruhig und tief mit wenig Ein- und Durchschlafschwierigkeiten

Entscheidender Faktor ist also der Lebensstil, um all diese Folgen zu vermeiden ...

C. Thiel: Jeder hat bestimmte Kapazitäten, mit denen er seinen Säure-Basen-Haushalt in Balance halten kann. Und natürlich ist hier zumeist die Herausforderung im Alter größer. Beispielsweise auch in puncto ausreichender Bewegung. In jeder Lebensphase körperlich aktiv zu bleiben, spielt übrigens eine sehr entscheidende Rolle, weil man über die Atmung oder besser gesagt das Abatmen von großer Säurelast relativ schnell positiv auf den Säure-Basen-Haushalt einwirken kann. Bei zu wenig Bewegung werden diese Entgiftungskapazitäten in Form einer Abatmung von Säuren über die Lungen aber nicht ausgeschöpft.

DEIN LEBENSSTIL ENTSCHEIDET

Wie sieht es eigentlich mit dem sauren Aufstoßen und Sodbrennen aus, sind diese Beschwerden nicht auch typisch für eine Übersäuerung?

C. Thiel: Ja, auch Sodbrennen weist unter anderem auf ein Ungleichgewicht im Säure-Basen-Haushalt hin. Bei saurem Aufstoßen versucht der Magen nichts anderes, als den Säureüberschuss loszuwerden. Bei starkem Überschuss kommt es dann dazu, dass saurer Speisebrei oder purer Magensaft nach oben in die Speiseröhre gepresst wird. Mindestens 50 Prozent meiner Patienten*innen klagen tatsächlich darüber, ebenso über Magenbeschwerden oder Völlegefühl. Langfristig kann eine permanente Übersäuerung die Schleimhaut des Magens und des Zwölffingerdarms dauerhaft schädigen.

Was kann schlimmstenfalls passieren, wenn das nicht behandelt wird?

C. Thiel: Es kann zum Beispiel zu einer Magenschleimhautentzündung oder zu einem Magengeschwür kommen. Wer länger andauernde Beschwerden im Magen-Darm-Bereich hat, sollte diese deswegen immer ärztlich abklären lassen. Noch besser ist es natürlich, frühzeitig mit Lebensstilmaßnahmen zu beginnen: mit einer ausgewogenen basischen Ernährung und täglicher Bewegung. Viele, die sich dazu aufraffen, sind oft positiv überrascht, wie einfach und wie schnell man Beschwerden wie Sodbrennen und saures Aufstoßen beispielsweise mithilfe einer vollwertigen und basenüberschüssigen Ernährung bessern kann.

Sie meinen Säureblocker, die es auch als frei verkäufliche Präparate gibt?

C. Thiel: Säureblocker können je nach Situation sehr effektiv, mitunter auch ein Segen sein. Auf der anderen Seite sollten sie natürlich nicht eingeworfen werden wie Bonbons. Das kann große Schäden anrichten und langfristig zu einem Mangel an Vitamin B_{12} führen, wie wir auch aus Studien wissen. Und die möglichen Folgen einer B_{12}-Unterversorgung wiederum reichen von einer Anämie bis hin zu einer Demenzerkrankung. Säureblocker sollten also wenn, dann nur kurzfristig beziehungsweise temporär zum Einsatz kommen.

Bei allem, was wir jetzt schon besprochen haben, wird für mich klar, dass die Konsequenzen einer chronischen Übersäuerung offensichtlich immer noch unterschätzt werden. Vor allem bei einem stressigen Alltag mit vielfältigen körperlichen und emotionalen Anforderungen …

C. Thiel: Da gebe ich Ihnen recht. Schon alleine die Tatsache, dass biologisches Leben für die meisten Stoffwechselfunktionen ein basisches Milieu benötigt, spricht für die Notwendigkeit und Nützlichkeit eines nachhaltigen gesunden Lebensstils – und eben auch für eine natürliche Entsäuerung als ganzheitliches Heilmittel.

Und das ein Leben lang.

C. Thiel: Genau. Und natürlich reicht da eine einzige Maßnahme wie gelegentliches Nordic Walking oder Joggen nicht aus, solange die tägliche Ernährung insgesamt zu säurelastig ist und bleibt. Also: Nur regelmäßig Sport zu betreiben und zu schwitzen reicht nicht aus, um eine durch falsche Ernährung stetig sich ansammelnde Säurelast zu reduzieren. Wenn Sie die Säure-Basen-Balance dauerhaft stabilisieren wollen, brauchen Sie vor allem Mineralstoffe und Spurenelemente, wie Magnesium, Kalzium, Kalium oder auch Zink und Kupfer. Sprich eine vorwiegend pflanzenreiche Kost aus hauptsächlich Gemüse, Salat, Obst und Kräutern. Das heißt nicht, dass man auf Fleisch oder Fisch verzichten muss, aber es sollte bei jeder Mahlzeit immer eine ordentliche Menge an Basenbildnern dabei sein.

Ich denke, es fehlt einfach oft das Wissen, was überhaupt säurebildend, was basisch wirkt. Beim klassischen Brot, das mit in die Uni oder zur Arbeit genommen wird, denkt man zum Beispiel: Super, damit mache ich auf jeden Fall alles richtig. Viel Getreide ist gesund. Das stimmt aber gar nicht – jedenfalls nicht pauschal, oder?

C. Thiel: Brot ist nicht gleich Brot. Wenn Sie sich als Business-Lunch ein Vollkornbrot statt Weißmehlprodukte mitnehmen, sind Sie schon einmal gut aufgestellt. Denn darin ist das volle Korn mit den äußeren Häutchen enthalten, die bei der Weißmehlproduktion zum Beispiel entfernt werden. In den Randschichten des Korns sitzen die wichtigen Mineralien, die Basenbildner. Essen Sie also Vollkorn- statt Weißbrot, entscheiden Sie sich mit Blick auf das enthaltene Verhältnis der Vitalstoffe inklusive wichtiger Ballaststoffe für das eindeutig bessere Lebensmittel. Essen Sie im Alltagsstress aber vorwiegend nur die nahezu überall angebotenen vitalstoffarmen Weißmehlprodukte, führt das zwangsläufig zur Übersäuerung.

Im Zweifel gilt also: Qualität vor Quantität. Trifft es das?

C. Thiel: Verzicht ist in der Ernährung nie eine Lösung. Verzichten wir auf etwas beziehungsweise ernähren wir uns zu einseitig, müssen wir das ja mit etwas anderem kompensieren, um Mangelerscheinungen und Krankheitsrisiken aufgrund von möglichen Vitalstoffdefiziten zu vermeiden. Und übrigens auch Heißhunger. Beispiel: Sie verzichten auf Fleisch und/oder andere tierische Produkte, weil Sie sich vegetarisch oder vegan ernähren möchten. Dann muss über andere Lebensmittel die Versorgung mit beispielsweise Vitamin B_{12} oder Eisen sichergestellt sein, weswegen individuell auch Nahrungsergänzungsmittel sehr sinnvoll sein können. Grundsätzlich ist der Mensch nun einmal ein Mischköstler. Und wie dieser Name schon sagt, besteht eine artgerechte Ernährung für uns aus einer guten Mischung und Kombination möglichst naturbelassener Lebensmittel.

Vielen Dank für das sehr informative und spannende Gespräch.

(Das Interview führte Pepe Peschel, es wurde redaktionell bearbeitet und gekürzt.)

BASENGLÜCK – **VORSORGE**

Eine Schieflage in deinem Säure-Basen-Haushalt kann deinen rund 100 Billionen Körperzellen enorm zusetzen: Jede Zelle wird zunehmend kraftloser, die Statusanzeige deines Akkus sinkt bedenklich. Mögliche Folgen dieser Überbeanspruchung sind zum Beispiel rheumatische Erkrankungen und Osteoporose, Diabetes, aber auch Haarausfall oder vorzeitige Hautalterung. Eine Übersäuerung, die nicht korrigiert wird, kann zudem mitverantwortlich für schwere Verläufe bereits bestehender Erkrankungen sein. Achte bitte daher schon auf erste Warnsignale! Ein kritischer Statuscheck deiner Haut, Haare, Nägel, deiner Muskeln und Knochen wie auch deiner Fitness, Vitalität und Beweglichkeit zeigt: Daumen hoch oder Daumen runter?

WARNSIGNALE RECHTZEITIG ERKENNEN

- CHRONISCH BEANSPRUCHT
- IMMER UNTER DRUCK
- DELLEN, JUCKEN – HAUTPROBLEME
- BRUTALE STRUKTURSCHÄDEN
- FOLGENSCHWERE ABLAGERUNGEN
- ÜBERGEWICHT UND DIABETES

CHRONISCH BEANSPRUCHT

„Aha, ganz eindeutig, da haben wir es doch schon!“ … so leicht lässt sich eine chronische Übersäuerung dummerweise nicht nachweisen, aber wer aufmerksam ist und die Signale seines Körpers beachtet, kann Warnzeichen frühzeitig erkennen. Plagen dich etwa Hautprobleme, tut dir ständig irgendetwas weh, fühlst du dich gestresst, erschöpft oder irgendwie aufgedunsen? Dann lohnt es sich, genauer hinzuschauen!

DEINE PUFFERSYSTEME

Eine latente Übersäuerung entsteht, wenn dein Organismus dauerhaft mit hohen Säurelasten – ob durch langfristig ungünstige Ernährungsweise und/oder Stress – zu kämpfen hat. Aus diesem Grund verfügst du über körpereigene Regulationssysteme. Ihr Job ist es, den pH-Wert der verschiedenen Organsysteme möglichst stabil zu halten und schon bei kleinsten Abweichungen rasch gegenzusteuern. Voilà, deine Puffersysteme:

Puffer im fließenden Blut: Hier liegen 75 bis 80 Prozent der Pufferkapazitäten in Form von Bikarbonat vor, heute oft Hydrogenkarbonat genannt. Ein Hydrogenkarbonat-Mangel beeinträchtigt die Blutfließeigenschaften und erschwert es deinem Körper, die Säureproduktion zu steuern beziehungsweise Säurelasten auszuscheiden. Darüber hinaus verfügt dein Blut über Phosphat-, Proteinat- und Hämoglobin-Puffer.

Gasaustausch der Lungen: Über das Abatmen von Kohlenstoffdioxid (CO_2) – ein Spaltprodukt der Kohlensäure – entledigt sich der Organismus flüchtiger Säuren, die jeden Tag in großen Mengen anfallen.

Einzigartige Nierenfunktion: Deine Nieren sind ein weiterer wichtiger Teamplayer. Sie haben enorme Kapazitäten, fixe Säuren direkt auszuscheiden. Allen voran die Harnsäure, die insbesondere bei einer fleisch- und fettbetonten Ernährung anfällt.

Entgiftungszentrale Leber: Auch die Leber kümmert sich um regelmäßig anfallende giftige Substanzen wie zum Beispiel Ammoniak. Alkohol, wie du sicher weißt, wird ebenfalls von der Leber abgebaut.

GENIALE REGULATION AM LIMIT

Auch dein Darm und – wenn buchstäblich gar nichts mehr geht – deine Haut sind bei der Entsorgung von Säuren behilflich. Sind deine Puffersysteme allerdings überlastet wie Parkhäuser in der Münchner Innenstadt am Samstag und können saure Stoffwechselendprodukte nicht (mehr) ausgeschieden werden, hat das zahlreiche Folgen …

IMMER
UNTER DRUCK

Wie gestresst bist du? Rund 39 Prozent aller deutschen Frauen und 54 Prozent der Männer benennen ihre Arbeitssituation als den größten Stressfaktor in ihrem Leben. Vor allem permanent erreichbar sein zu müssen, belastet viele. Dicht gefolgt von hohen Ansprüchen an sich selbst und zu vielen Verpflichtungen, auch in der Freizeit. Ob Doppel- und Dreifachbelastung, Mobbing am Arbeitsplatz oder generelle Hektik – auf hohe Belastung folgt Übersäuerung.

STRESS HOCH 3

Das Stresshormon Kortisol kann deinem Organismus zusetzen – und Stress kann sich potenzieren. Vor allem in der ständigen Erreichbarkeit – nach Feierabend, am Wochenende und an Feiertagen – sieht der Arbeitsreport der Bundesanstalt für Arbeitsschutz und Arbeitsmedizin (BAuA) eine der Hauptursachen. Durch die permanente Einsatzbereitschaft wird ein „ungesunder Dauerstress" erzeugt, heißt es. Unter anderem verändert sich dein Hormonhaushalt. Konkret: Die dauerhafte Anspannung und eine verstärkte Produktion an Stresshormonen beeinflussen deinen Stoffwechsel, die Verdauung, Durchblutung und Atmung. Auch die Abwehrkräfte können massiv beeinträchtigt werden. Selbst Wunden heilen schlechter, wie Forscher*innen der Ohio State University in Columbus, USA, herausfanden. Darüber hinaus schreitet die Alterung sichtlich voran: Der Dauerdruck verkürzt die Telomere, die Schutzkappen deiner Chromosomen, die für die Zellteilung verantwortlich sind. Sogar ein ganzes Lebensjahrzehnt kann durch chronischen Stress verloren gehen.

LIEBLINGSMENSCHEN GEBEN HALT

Interessant in diesem Zusammenhang: Gute Freunde*innen und eine Portion Optimismus können uns vor dem Teufelskreis aus Stress und nicht selten damit verbundener Frustration schützen. Wissenschaftlich belegt ist, dass ein intaktes Sozialleben signifikant mit zum Erhalt unserer Gesundheit beitragen, Einsamkeit dagegen krank machen kann. Was ich dir damit sagen will: Auch innere Zufriedenheit braucht es, um einer Übersäuerung ein Schnippchen zu schlagen. Natürlich können wir Stress in der Regel nicht völlig vermeiden, und jeder von uns definiert Stress subjektiv völlig anders. Aber du kannst, wenn du das Gefühl hast, buchstäblich ein Ventil für die Anspannungen und Belastungen in deinem Leben zu benötigen, beispielsweise auch an verschiedenen Sportangeboten, Entspannungsverfahren oder Meditationskursen teilnehmen. Gut geeignet für wohltuende Streicheleinheiten für Körper, Seele und Geist ist auch die achtsame Bewegungspraxis Qigong. Sie schult die Wahrnehmung und stärkt deinen Organismus, ohne ihn zu überfordern.

DELLEN, JUCKEN – HAUTPROBLEME

Auch die Haut ist wie Haare und Nägel nicht nur Spiegel deiner Seele, sondern auch der Säuren in deinem Körper. Quasi. An ihr zeigt sich – leider oder glücklicherweise, wie man's nimmt – recht deutlich, was darunter im Argen liegt. Ganz gleich, ob wir über unschöne Dellen an den Oberschenkeln, Unreinheiten, fehlenden Glow oder sogar entzündliche Hauterkrankungen sprechen – in allen Fällen spielt oft ein säurebelasteter (Haut-)Stoffwechsel eine Rolle.

OPTISCH UNVERKENNBAR SAUER

- fahle, graue oder glänzende, fettige Haut
- Cellulite, Wassereinlagerungen (aufgedunsene Erscheinung) und Gewichtszunahme
- übermäßiges Schwitzen
- fiese Pickel und Unreinheiten
- Hautekzeme
- vermehrte Faltenbildung und Tränensäcke
- sprödes, brüchiges und glanzloses Haar
- spröde, splitternde Nägel

BRISANT: Eine Übersäuerung betrifft dich immer ganzheitlich – körperlich, seelisch-geistig und nach außen unschwer erkennbar durch zunehmende Anzeichen vorzeitiger Alterung.

CELLULITE, BITTE NICHT!

Gelartige Cellulite ist eine Mischung aus Schlacken und Wasser in deinem geschwächten Bindegewebe. Dazu kommt es übrigens auch, wenn du extrem sportlich bist. Verwundert? Wenn du zu viel des Guten willst, entsteht durch hohe Muskelbeanspruchung reichlich Milchsäure. In Summe mit eher säurebildenden Ernährungsgewohnheiten heißt das: doppelte Säuredosis! Bitte vergiss nicht: Dein Säure-Basen-Haushalt und alle gewichtsrelevanten Stoffwechselvorgänge unterliegen einem Biorhythmus, das heißt, beides ist von deiner Nahrungsaufnahme – sprich, einer regelmäßigen Basenflut aus der Ernährung – abhängig. Übrigens mit ein Grund dafür, warum Phänomene wie Cellulite sehr schlanke und übergewichtige Menschen gleichermaßen betrifft. Und Basenfasten bedeutet auch keineswegs, gar nichts mehr oder extrem kalorienreduziert zu essen (was ebenfalls in die Übersäuerung führt!), sondern das Richtige zur richtigen Zeit.

SCHWEISSGEBADET?

Du schwitzt übermäßig viel? Wenn dein Körper in dem Bemühen um Säure-Basen-Balance schon an Grenzen gekommen ist, nutzt er die Ausscheidungskapazitäten deiner Haut als Rettungssanitäter besonders großzügig aus. Und schon gelangen saure Substanzen aus den Säuredepots in deinem Körper zunehmend an die Oberfläche.

BRISANT: Wenn sich mit starkem Schwitzen saure Substanzen den Weg nach außen suchen, löst das häufig im wahren Wortsinn ätzenden Juckreiz aus. Bei bis zu 600 Schweißdrüsen pro Quadratzentimeter kannst du dir vorstellen, wie quälend dieser ausfallen kann.

WARZEN UND HAUTALTERUNG

Gleiches gilt mit Blick auf vorzeitige Hautalterung, Faltenbildung, Altersflecken und Warzen. Wenn sich solche und ähnliche Probleme erschreckend häufen, solltest du stets auch an eine Übersäuerung denken. Warzen werden zum Beispiel von Viren ausgelöst und Virusinfektionen wiederum haben nur eine Chance, wenn deine Abwehrkräfte schwächeln – erinnere dich bitte noch einmal an das im Darm wohnende Immunsystem (Seite 13). Deine Darmschleimhaut ist zugleich deine wichtigste Verteidigungslinie. Denn hier entscheidet sich wie beim Zoll, welche Stoffe und Substanzen weitergelassen oder abgewiesen werden. Wenn die Wachposten der Verteidigungslinie säurebedingt nicht besetzt sind, haben pathogene Keime, schlechte Bakterien und Giftstoffe leichtes Spiel, über die Blutbahn in deinen Körper zu gelangen. Wenn du dich also beim Thema vorzeitige Hautalterung und Hautprobleme angesprochen fühlst, leuchtet quasi deine Säure-Basen-Balance wie die Ölanzeige in deinem Auto Signalrot! Ist das der Fall, tummeln sich übrigens auch zunehmend Pilzerreger auf deiner Haut und freuen sich über neue Nistplätze für lästige Mykosen – besonders an deinen Füßen. Sogar bei Erkrankungen wie Neurodermitis – hierzulande sind bis zu 6 Prozent der Erwachsenen davon betroffen – empfehlen führende Experten*innen, insbesondere über die Ernährung das Säure-Basen-Gleichgewicht (wieder)herzustellen, um Krankheitsschübe zu reduzieren.

FUSSPILZ LIEBT SÄUREN

Wird dein Körper zum Beispiel Harnsäurefluten über die Nieren nicht mehr los, schiebt er den Müll auch und vor allem weiter nach unten. Nicht selten lässt der Fußpilz grüßen, besonders bei stark schwitzenden Füßen, die – womöglich gut verpackt in Socken aus Kunststofffasern – ein herrlich feuchtwarmes Milieu für Pilzerreger bieten.

BRISANT: Rund 90.000 Schweißdrüsen tummeln sich in deinen Fußsohlen. Und die lassen sich freilich auch hervorragend für eine natürliche Entsäuerung nutzen. Ich empfehle dir regelmäßig basische Fußbäder oder das Entsäuern mit basischen Strümpfen (Seite 61).

BRUTALE STRUKTURSCHÄDEN

Übersäuerung ist ein schleichender und zunächst lange beschwerdefreier Prozess. Oft vergehen 10 bis 20 Jahre, bis die Säurelast über Folgeerkrankungen offensichtlich wird und zum Beispiel deine Knochen vorzeitig geschwächt hat. Auch Muskelmasse kann verloren gehen. Die gute Nachricht: Mit dem Wissen um diese Zusammenhänge kannst du frühzeitig gegensteuern.

OSTEOPOROSE UND ARTHROSE

Wenn das Säurefass überläuft, beginnt dein Körper – quasi aus purer Verzweiflung – sich selbst Basenbildner wie Kalzium und Magnesium aus den eigenen Mineralstoffdepots zu entziehen. Und was bietet sich da ganz besonders an? Genau, deine Knochen, die zwar langsam fortschreitend, aber sicher demineralisiert und damit weich und brüchig werden. Parallel ist durch die beschriebenen zunehmenden Entzündungsprozesse die Arbeit der knochenaufbauenden Zellen (Osteoblasten) gehemmt. Der Knochenschwund, die Osteoporose, verursacht lange Zeit keinerlei Schmerzen, und oft wird er leider erst erkannt, wenn einzelne Wirbelkörper bereits kleinste Mikrofrakturen erlitten haben oder es zu Ermüdungsbrüchen kommt. Zusätzlich lagern sich auch an Knorpeln und Sehnen – bestehend aus kollagenen Fasern – immer mehr Säuren ab. Spüre einmal kurz in deine Gelenke hinein: Kommst du morgens gut aus dem Bett? Oder bist du in der Früh eher steif, und die Gelenke fühlen sich erst nach einiger Zeit der Bewegung wieder geschmeidig an? Auch solche Beschwerden bis hin zur Arthrose können mit überschüssiger Säure und deren Ablagerung in deinen Körpergeweben zusammenhängen.

KÖRPERSPEICHER FÜR WICHTIGE MINERALIEN

Fehlen deinem Körper Mineralien, greift er in seiner Not die eigene Bausubstanz an, unter anderem:

- Knochen, Kapseln, Knorpel, Sehnen und Bänder
- Zähne und Blutgefäße
- Haut, Haare und Nägel

BRISANT: Fang bitte noch heute an und entlaste deinen Organismus. Vielleicht kann dich die Tatsache motivieren, dass wir alle praktisch erst 10 bis 15 Jahre jung sind – ein Leben lang. Denn zeitlebens läuft unermüdlich deine Zellregeneration: Beim Knochen werden Jahr für Jahr rund 5 bis 10 Prozent des gesamten Stützapparats ersetzt. Umgerechnet bedeutet das: Dein Körper tauscht in 10 bis 20 Jahren sein komplettes(!) Skelett einmal aus.

SOS, HAARAUSFALL!

Bei chronischer Übersäuerung entmineralisiert dein Körper mit Feuereifer deine Haare – zumeist noch, bevor es an Knochen und Muskeln geht. Der Grund: Dein Haarboden ist für den schier verzweifelten Organismus ein besonders schnell verfügbarer Mineralstofflieferant.

BRISANT: Hast du dich schon einmal gefragt, warum viele Männer aller Altersklassen unter einer Glatze und Frauen unter dünnem, stumpfem Haar leiden? Mögliche Ursache ist eine saure Stoffwechsellage, die dein Haar auch vorzeitig ergrauen lassen kann.

VERLUST VON MUSKELMASSE

Zu hohe Säurelast reichert sich natürlich auch in deiner Muskulatur an. Diese verhärtet sich erst (Myogelose), schützt sich durch zunehmende Leistungsverweigerung und schließlich baust du auch Muskeln ab. Es ist ähnlich wie bei den Knochen: Die chronische Übersäuerung beschleunigt den Abbau – hier von körpereigenem Eiweiß –, und gleichzeitig ist der Neuaufbau von Eiweißen (Proteinsynthese) gehemmt. Schleichend verlierst du somit an Muskelkraft, sprich Fitness, Vitalität, ebenso Flexibilität und Beweglichkeit. Dafür steigt das Risiko für Verletzungen und Unfälle mit dem Grad deiner Übersäuerung. Auch ihrer Aufgabe als Stoffwechselorgan kann deine Muskulatur nicht mehr nachkommen. Die Folgen sind eine fortschreitende Unterernährung deiner Körperzellen mit Sauerstoffmangel und zunehmender Aktivierung im Gewebe liegender Schmerzrezeptoren. Das Chaos ist perfekt: Denn Schmerz löst immer Stress aus, der seinerseits zu Verkrampfungen, Fehlhaltungen und so zu weiteren Schmerzen führen kann. Übrigens: Auch vor einer Fibromyalgie (lat. *fibra* = Faser, *mys* = Muskel, *algos* = Schmerz), der chronischen Schmerzerkrankung, macht die Übersäuerung nicht halt.

STRESS-TIPP: ZITRAT-BASENMITTEL

Ein Basenmittel mit organischen Mineralstoffverbindungen wie Zitraten kann deinem Körper zurückgeben, was ihm in der übersäuerten Stoffwechsellage fehlt. Entsprechende Nahrungsergänzungen (z. B. Dr. Jacob's Basenpulver) werden einmal täglich mit 1 Messlöffel auf 1 Glas Wasser oder Saft eingenommen – das entspricht der basischen Power von circa 800 Gramm Gemüse und Obst.

FOLGENSCHWERE ABLAGERUNGEN

Den Begriff Rheuma kennt jeder, und laut dem Zentralverband der Ärzte für Naturheilverfahren und Regulationsmedizin e. V. (ZAEN) hat auch jeder mindestens einmal im Leben damit zu tun. Eine schmerzliche Erfahrung. Oft lange ohne jegliche Beschwerden entwickelt sich hingegen eine andere Volkskrankheit: die Arteriosklerose, im Volksmund besser bekannt als Arterienverkalkung. Warum eine latente Azidose beide Erkrankungen begünstigen kann, erfährst du – hier.

RHEUMATISCHE ERKRANKUNGEN

Ob steifer Nacken oder Tennisarm – weit über 100 Beschwerden des Stütz- und Bewegungsapparats zählen zu den Krankheiten des rheumatischen Formenkreises. Den Zusammenhang zwischen entzündlich-rheumatischen Erkrankungen und der Übersäuerung des Stoffwechsels hat die Wissenschaft inzwischen klar belegt. Hier konnten Studien bei Einsatz einer Basentherapie eine deutliche Verbesserung der Schmerzsymptomatik belegen. Mit starken rheumatischen Beschwerden geht auch die Gicht einher. In 99 Prozent der primären Gichtfälle sind die Schübe Ausdruck einer vorliegenden Ausscheidungsschwäche für Harnsäure (Seite 24). Wichtig: Zu viel Fruchtzucker und Alkohol verschärfen das Problem. Erreicht die Harnsäurekonzentration nun einen bestimmten Schwellenwert, können sich Harnsäurekristalle ablagern und Entzündungen hervorrufen. Das schmerzhafte Resultat sind Gichtattacken, die bevorzugt das Großzehengrundgelenk heimsuchen.

ARTERIOSKLEROSE – GEFAHR AUF LEISEN SOHLEN

Wenngleich einige wissenschaftliche Belege immer noch fehlen, werden heute viele Erkrankungen in Verbindung mit einer chronischen Übersäuerung gebracht – wie du bis hierhin schon festgestellt hast. Darunter auch die Arteriosklerose. Deine Gefäßwände verlieren dabei unter anderem an Elastizität. Ein Übeltäter, der diesen Prozess vorantreibt, ist eine vor allem sehr zuckerhaltige Ernährung. Sie wirkt buchstäblich wie Gift und kann die Innenauskleidung deiner Gefäße, das Endothel angreifen, wie Untersuchungen an der Universitätsklinik in Maastricht zeigen konnten. Ablagerungen – als Plaques bezeichnet – können sich durch die Schieflage im Stoffwechselmilieu leichter in den Gefäßwänden ablagern. Verengt sich der Gefäßdurchmesser zunehmend, kann letztendlich das Blut nicht mehr ungehindert in den Arterien fließen. Damit wiederum steigt die Wahrscheinlichkeit für weitere Erkrankungen wie Bluthochdruck.

ÜBERGEWICHT
UND DIABETES

Auf den eigenen Bauch zu hören, ist immer eine gute Idee. Vor allem, wenn er dir deutlich zeigt, dass ihm einiges sauer aufstößt – gelegentlich im wahrsten Sinne. Und wenn sich dein Bauch gar nicht merklich beschwert, nur dummerweise immer mehr Pölsterchen ansetzt? Kann es ebenfalls nicht schaden, einmal den Säurestatus zu checken. Chronisch latente Übersäuerung hält leider viele unangenehme Überraschungen bereit, die du im Blick haben solltest.

VERDAUUNGSSTÖRUNGEN BIS LEAKY GUT

Zwar hast du natürlicherweise im Magen ein saures Milieu. Aber auch hier kann ein Übermaß an säurebildenden Lebensmitteln quasi zu viel Säure locken und damit zu Beschwerden wie Völlegefühl, Übelkeit, Erbrechen oder Sodbrennen führen. Sind durch einen Mangel an Hydrogenkarbonat im Blut weitere wichtige Verdauungsorgane wie deine Leber oder Bauchspeicheldrüse ebenfalls in ihrer normalen Funktion eingeschränkt, bildet dein Körper zudem insgesamt ein nur eher minderwertiges Sekret. Sprich, deine Verdauungssäfte kommen aus dem Takt, und im Dünndarm wird der Speisebrei mitunter nicht basisch genug. Genau diese Umwandlung – von sauer im Magen hin zu einem basischen Speisebrei im Dünndarm – ist aber auf dem Weg unserer Nahrung durch den Verdauungstrakt enorm wichtig. Bleibt nämlich das Milieu in deinem Dünndarm etwa zu sauer, erfolgt dort die Aufspaltung von Fetten sowie die weitere Verdauung der Kohlenhydrate und Proteine nur unvollständig. Unverdaute Nahrungsbestandteile wiederum brodeln, gären und faulen in deinem Bauch wie in einer viel zu warmen Speisekammer vor sich hin. Verdauungsprobleme sind da nur der Anfang einer Kaskade, die auch zu einem löchrigen Darm (engl. *leaky gut*) und schließlich zu Allergien oder Autoimmunerkrankungen wie Morbus Crohn führen kann.

DAS DIABETESRISIKO STEIGT

Insbesondere säurebildendes Tierprotein, im Übermaß konsumiert, gilt auch mit Blick auf Folgeerkrankungen wie Diabetes Typ 2 als riskant, da es unter anderem die Insulinsekretion beeinträchtigen kann. Dass zu viele Säurebildner generell das Diabetesrisiko erhöhen können, belegen Untersuchungen von Epidemiologen*innen der Universität Rotterdam. Sie beobachteten rund ein Drittel mehr Erkrankungsfälle bei Erwachsenen, die sich stark säurehaltig ernährten. Insgesamt beziffert der Deutsche Gesundheitsbericht Diabetes 2019 jährlich rund 500.000 (!) Neuerkrankungen an Diabetes Typ 2 hierzulande.

BASENGLÜCK – **ERSTE HILFE**

Bei dir stehen alle Zeichen auf sauer? Dann ist es höchste Zeit, den Schalter umzulegen und deinen Säure-Basen-Haushalt wieder ins Gleichgewicht zu bringen. Langfristig wirst du dafür natürlich deinen kompletten Lebensstil auf den Prüfstand stellen müssen (… ja, ohne Flachs), aber der Start in dein Basenglück ist viel leichter, als du vielleicht denkst. Auf den folgenden Seiten stelle ich dir verschiedene SOS-Maßnahmen und effektive Glücksgriffe vor, die dir helfen können, die Säurelast im Alltag zu drosseln. Eine entscheidende Rolle spielt zum Beispiel deine Trinkmenge (Seite 34), und auch mit einem regelmäßigen Basenglück-Tag (Seite 37) können deine Puffersysteme durchatmen. Ebenso empfehlenswert für den Einstieg: eine medizinische Kur mit Darmsanierung (Seite 38). Ist der Anfang einmal gemacht, motivieren dich die ersten Erfolge von ganz allein zum Weitermachen. Also bitte gern noch heute starten! Denn wie du inzwischen schon längst weißt: All die Säuren in deinem Körper sind ein echt ätzendes Problem.

DEIN START INS BASENGLÜCK

- GLÜCKSGRIFFE IM ALLTAG
- AKTIV ENTSÄUERN
- NATURHEILKUNDLICHE VERFAHREN
- GEZIELT AUSGLEICHEN

GLÜCKSGRIFFE
IM ALLTAG

Spätestens wenn Aufstoßen, Sodbrennen, Völlegefühl oder Antriebslosigkeit signalisieren, dass das Säurefass schon überläuft, ist Schluss mit lustig: Schluss mit den Bagels oder Muffins samt Coffee to go (Sag mal ohne Quatsch, schmeckt dir der Inhalt aus labberiger Pappe?) in der Hektik zwischen U-Bahn und Büro. Trinken ist zwar tatsächlich eine hervorragende Sofortmaßnahme bei Säureattacken, doch Kaffee gehört – zumindest in großen Mengen getrunken – leider nicht dazu. I'm sorry. Wohl aber mineralstoffreiche Wässer, ausgesuchte Kräutertees oder milchsaure Basenbildner – auf deine Gesundheit!

HEILWASSER UND KRÄUTERTEE

Flüssigkeit ist: superwichtig! Im Idealfall schaffst du eine Trinkmenge von 1,5 bis 2 Litern pro Tag (wenn du z. B. intensiv Sport treibst mehr, was dir auch dein Durstgefühl verrät). Wobei übrigens der zitierte Kaffee nicht mit mehr als 2 Tassen zu Buche schlagen sollte. Optimale Durst- und Säurelöscher sind Heilwässer und Tees. Heilwasser (z. B. Adelholzener) hat einen besonders hohen Anteil an Hydrogenkarbonat (mehr als 1.000 Milligramm/Liter), außerdem Kalzium und Magnesium. Mein Tipp ist mindestens eine Flasche pro Tag. Mit dem Joker Trinken kannst du deine Puffersysteme im Blut stabilisieren und die Ausleitung durch die Nieren unterstützen. Empfehlenswert sind auch grüner Tee oder gebrühte Basentees aus Brennnesselblättern, Melisse, Fenchel, Lindenblüten und Löwenzahnkraut beziehungsweise fertige Kräutermischungen (z. B. 7 x 7®-KräuterTee von P. Jentschura). Erkaltet und mit Saftschorle aufgefüllt, ist Kräutertee eine tolle Limoalternative – einfach mal ausprobieren. Mit reinem Leitungswasser wirst du übrigens nicht punkten, weil es im Vergleich zu einem guten Heilwasser kaum Mineralien enthält.

STAUDENSELLERIE-SAFT BEI SODBRENNEN

Ein frisch gepresster Staudensellerie-Saft (z. B. aus dem Hochleistungsmixer) hat sich als Soforthilfe bei Sodbrennen bewährt. Sellerie ist traditionell für seine entwässernden, blutreinigenden und allgemein stärkenden Eigenschaften bekannt. Reich an Vitamin A, C und E, Vitaminen der B-Gruppe, Eisen und wichtigen Mineralien.

BRISANT: Im Unterschied zum Knabbern ganzer Selleriestangen – was natürlich auch sehr sinnvoll ist – liefert dir der frisch gepresste Saft einen deutlich höheren Anteil bereits aufgeschlossener Nährstoffe aus der Pflanze. Tolle Kombipartner: Apfel und Birne.

MILCHSAURES WIRKT BASISCH

Hilfreich sind auch milchsaure Getränke wie der Brottrunk. Er verdankt seine basenbildende Wirkung lebendigen Brotsäurebakterien, Milchsäure und Enzymen, die während des Gärprozesses von traditionellem Sauerteigbrot aus biologisch angebautem Getreide mit frischem Quellwasser entstehen. Zudem enthält Brottrunk wichtige Aminosäuren, Mineralstoffe und Vitamine, vor allem Vitamin B_{12}. Ein Gesundheitscocktail, der dir bei der körpereigenen Entgiftung hilft, Gärungs- und Fäulnisprozessen im Darm entgegenwirkt und deinen Säure-Basen-Haushalt harmonisieren kann. Die heilsamen Effekte auf das Darmmikrobiom sind auf die große Anzahl lebender Kulturen zurückzuführen. Diese ermöglichen es sogar, den Brottrunk zum Einlegen von milchsaurem Gemüse zu verwenden. Medizinische Erfahrungsberichte bescheinigen ihm Erfolge bei Hauterkrankungen wie Akne und Neurodermitis. Auch dem Gedächtnis soll er auf die Sprünge helfen. 3-mal täglich 1 (kleines) Glas zu deinen Mahlzeiten ist ideal – und wer den säuerlichen Geschmack nicht mag, kann den Trunk auch mit Säften verdünnen. Anders als übliche Lebensmittel sind Gärgetränke grundsätzlich weder ultrahocherhitzt, pasteurisiert, sterilisiert oder anderweitig verarbeitet. Deswegen sind sie so quicklebendig, beschleunigen Stoffwechselprozesse und unterstützen auf natürliche Weise deine Abwehrkräfte. Auch milchsaure Bio-Gemüsesäfte sind eine gute Alternative. Natürlich ersetzen Gärgetränke genauso wenig Medikamente wie Frischpresssäfte. Doch können sie manche Therapie durch die Mobilisierung der Selbstheilungskräfte unterstützen. Das Rezept des ältesten aller Gärgetränke, das indische Soma, findet sich by the way in alten Schriften für Unsterblichkeit. Megastark, oder?

STRESS-TIPP: APFELESSIG

Bei Abgeschlagenheit und allgemeinem Unwohlsein kannst du auch mit 1 Esslöffel Apfelessig, getrunken mit 1 Glas Heilwasser, dein Darmmikrobiom stabilisieren und viele gesunde Keime wie die Laktobazillen anfüttern.

AKTIV
ENTSÄUERN

Es gibt 1.000 gute Gründe, sich mehr zu bewegen – und mindestens einen kennst du schon: Körperliche Aktivität und Sport bringen deinen Blutkreislauf auf Trab, intensivieren deine Atmung und mobilisieren auf diese Weise im Gewebe abgelagerte Säuren. Hervorragend! Genau richtig liegst du auch mit (d)einem Basenglück-Tag, der regelmäßig für Entlastung und neue Energie sorgen kann. Go for it!

LÄUFT BEI DIR!

Die Abatmung über die Lungen ist, wie du ja auch von Ernährungsmedizinerin Claudia Thiel ab Seite 14 in diesem Ratgeber erfahren hast, eine vortreffliche Möglichkeit, sich rasch von Säuren zu entledigen. Sich vom Sofa wegzubewegen, bringt aber gleich eine ganze Reihe verschiedener Benefits: Je mehr du deine Durchblutung förderst, desto besser funktioniert dein gesamter Energiestoffwechsel. Und schwups werden deine Zellen auch wieder optimal mit wichtigen Vitalstoffen und Sauerstoff versorgt, Abfälle wie die Harn- oder Kohlensäure rausgeschleust. Gleiches gilt für deine Gelenke. Um seine Stoßdämpferfunktion aufrechtzuerhalten, benötigt Knorpelgewebe die regelmäßige Wechselwirkung von Be- und Entlastung: Bei Belastung wird Gelenkflüssigkeit aus dem Gelenk herausgepresst und mit ihr werden Abfallstoffe entsorgt. In der Entlastungsphase wird die Flüssigkeit mitsamt wichtigen Nährstoffen wieder zurück in den Knorpel gesaugt. Bewegung fördert zudem die Durchblutung der Gelenkinnenhaut, die ihrerseits Gelenkflüssigkeit produziert. Wer körperlich aktiv ist, kräftigt nicht zuletzt auch seine Sehnen, baut Muskulatur auf und durchbricht so den Teufelskreis aus Schmerz und Schonhaltung – beides ist bekanntermaßen oft übersäuerungsbedingt. Zudem belegen diverse Studien, dass Bewegung auch entzündliche Vorgänge hemmen kann. Das motiviert, denn: Niemand muss gleich Leistungssport betreiben, um von der natürlichen Heilkraft körperlicher Aktivität zu profitieren. Schon mit moderaten Bewegungseinheiten kannst du die Weichen stellen, deine Gelenke und den gesamten Organismus wohltuend entlasten.

HEUTE SCHON BEWEGT?

Plane jeden Morgen, wann und wo du heute körperliche Aktivität in deinen Tagesablauf einbauen kannst – und wenn es der Treppenlauf am Arbeitsplatz ist. Ziel ist immer ein maßvolles Training, im Idealfall Ausdauertraining für mindestens 20 bis 30 Minuten täglich.

BRISANT: Bewegungsarmut reduziert die Säureausscheidung, exzessiver Sport erhöht wiederum die Säurelast. Also bitte keinen falschen Ehrgeiz an den Tag legen!

DEIN BASENGLÜCK-TAG

Beim Basenfasten geht es nicht um Fasten im Sinne von Verzicht oder gar drastischer Kalorienreduktion. Es geht um die konsequente, dauerhafte Umstellung deiner Ernährung auf überwiegend Basenbildner, die ich dir im nächsten Kapitel ausführlich vorstellen werde und die du in aller Vielfalt als frische Zutaten im Rezeptteil wiederfindest. Ein wöchentlicher Basenglück-Tag kann hier gute und entscheidende Impulse geben – für den Einstieg und für die langfristige Umsetzung einer gesunden Ernährungsweise. Beginne dazu morgens nach dem Aufstehen mit 1 Glas heißem Wasser (wie im Ayurveda auch gerne mit dem Saft einer halben Zitrone angereichert) oder Blutreinigungstee, um deine Verdauung anzukurbeln. Dann gibt es eine Portion warmen Frühstücksbrei, zum Beispiel mit Amarant (Seite 70) oder Buchweizen (Seite 74), jeweils mit etwas Obst und Früchten oder Nüssen verfeinert. Alternativ kannst du dir einen frischen Apfel-Karotten- oder Apfel-Staudensellerie-Saft (Seite 34) pressen. Dann trinkst du über den Vormittag verteilt Bio-Kräuter- beziehungsweise Bio-Basentee. Für das Mittagessen bietet sich frische Rohkost an – zum Beispiel ein Teller mit gestifteter Möhre, Rettich, Rucolasalat, etwas dicker geschnittenen Zucchinischeiben oder Kohlrabiraspeln. Eine wärmende Bio-Gemüsesuppe ist eine gute Alternative, wenn du nicht so der Fan von Rohkost bist oder größere Mengen nicht verträgst. Über den Nachmittag trinkst du dann wieder wohltuende wärmende Tees und gönnst dir am Abend etwas gedünstetes Gemüse oder eine Basenbrühe (z. B. Dr. Ewald Töth® Klare Basensuppe). Der perfekte Abschluss für deinen Basenglück-Tag ist ein ausgiebiger Spaziergang an der frischen Luft.

DARMWÄNDE BLITZBLANK

Um deinen Darm zu Beginn einer grundsätzlichen Ernährungsumstellung zu aktivieren und zu reinigen, kannst du morgens auf nüchternen Magen 1 Glas lauwarmes Wasser (¼ Liter) mit 1 gestrichenen Teelöffel Bittersalz trinken, etwa 45 Minuten vor dem Frühstück. Diese Anwendung soll die Darmwände von Krankheitserregern und abgelagerten Giftstoffen befreien, die nicht nur den Verdauungstrakt und das Immunsystem, sondern auch deine Nervenzellen, Leber und andere Körpergewebe schädigen können. In der Regel führt die Prozedur, 1- bis 3-mal über den Tag verteilt, zu einer breiflüssigen Entleerung des Darms.

BRISANT: Bittersalz sollte stets nur über wenige Tage hinweg angewendet werden. Weil es in verschiedenen Situationen, wie etwa bei eingeschränkter Nierenfunktion oder entzündlichen Magen-Darm-Erkrankungen, nicht eingenommen werden darf, stimmst du die Anwendung bitte immer mit deinem behandelnden Arzt beziehungsweise deiner Ärztin oder Heilpraktiker*in ab.

NATURHEILKUNDLICHE VERFAHREN

Entsäuern und von Grund auf reinigen: In der Naturheilkunde haben Konzepte, die den gesamten Organismus entlasten, wie ein Reset den Computer, ihren festen Platz. Im Mittelpunkt steht die Förderung der Ausscheidungsprozesse über deinen Darm, die Lungen, Nieren, die Leber und auch über die Haut. Besonders wichtig bei jeder Form der Entsäuerung ist, dass Giftstoffe und saure Stoffwechselendprodukte in deinem Körper nicht nur gelöst, sondern vor allen Dingen mithilfe pflanzlicher Vitalstoffe neutralisiert werden (!), bevor sie zur Ausscheidung kommen – damit währenddessen kein weiterer Schaden in deinem Körper angerichtet wird. Möchtest du dich dabei einmal so richtig aus deinem Berufs- und Alltagsleben ausklinken, kannst du in darauf spezialisierten Wellnesseinrichtungen zum Beispiel eine intensive Grundsanierung, sprich, eine ärztlich überwachte Buchinger-, Schroth- oder Mayr-Kur machen. Ein Urlaub nur für DICH.

MAYR-DARMSANIERUNG

Der österreichische Arzt Dr. med. Franz Xaver Mayr entwickelte diesen Reload zur Darmreinigung und für dein Darmmikrobiom, der als Milch-Semmel-Kur bekannt wurde, weil er erkannte, dass ein chronischer Verdauungsschaden Menschen nicht nur krank machen, sondern auch vorzeitig altern lassen kann. Bestandteil der modernen Mayr-Kur sind Gemüsebrühen, Kräutertees, Heilwässer und rohe Gemüsestäbchen aus beispielsweise Zucchini, Möhren oder Paprika. Einrichtungen findest du unter www.mayr-kuren.de.

BUCHINGER-FASTEN

Hier handelt es sich um klassisches medizinisches Heilfasten, unter anderem ebenfalls mit Gemüsebrühen, frischen Obst- oder Gemüsesäften, reichlich Tees und Heilwässern. Die Fastenmethode geht auf den Arzt Dr. med. Otto Buchinger I. (1878 bis 1966) zurück, Infos findest du unter www.buchinger.de.

SCHROTHKUR

Der Naturheiler Johann Schroth (1798 bis 1856) ist Begründer dieser Vorgehensweise, die traditionell aus einer kalorienreduzierten, salzfreien und vegetarischen Ernährung besteht. Hinzu kommen Dunstwickel, um die Entsäuerung über die Haut anzukurbeln, sowie sich abwechselnde Trink- und Trockentage mit entsprechend kleinen und großen Trinkmengen. Verschiedene Häuser im Schroth-Heilbad Oberstaufen haben sich darauf spezialisiert: www.oberstaufen.de.

GEZIELT AUSGLEICHEN

Bist du spürbar stark übersäuert, kommt es mehr denn je auf qualitativ hochwertige Lebensmittel an – regionale Bioware punktet hier doppelt. Vorübergehend kannst du deinen Körper auch mit einem Nahrungsergänzungsmittel bei der Remineralisierung unterstützen. Nicht umsonst füllen viele Sportler vor intensiven Trainingseinheiten oder Wettkämpfen ihre Basenspeicher auf. Die gezielte Zufuhr basenbildender, entsäuernder Mineralstoffe und Spurenelemente ist ein cleveres Add-on für einen gelungenen Start in dein Basenglück.

BIOLOGISCH WERTVOLL

Alles in allem entzieht die Umstellung von einer sauren auf eine basische Lebensweise vielen Krankheitsprozessen und Fehlsteuerungen deines Stoffwechsels die Basis. Die natürlichen Abwehrkräfte gewinnen wieder an Fahrt. Auch das sensible Nervensystem wird es dir danken – mit mehr Konzentrationsfähigkeit und einem ausgeglichenen Gemütszustand. Kurz: mit mehr Power. Entscheidend dafür, dass auch deine Nahrungsmittel genug Power mitbringen. Weil lange Transportwege und Lagerung empfindlichen Inhaltsstoffen wie beispielsweise Vitamin C arg zusetzen können, ist Frische absolutes Gebot. Mit regionalen Produkten – gern direkt vom Wochenmarkt – bist du also gut beraten. Und ebenso mit Obst und Gemüse aus biologisch-dynamischem Anbau, denn so vermeidest du Pestizide und andere Rückstände, die deinen Organismus zusätzlich belasten können.

PERFEKT ERGÄNZT

Individuell empfehlen Naturheilkundler*innen und Ganzheitsmediziner*innen zusätzlich die Einnahme basischer Nahrungsergänzungsmittel, zum Beispiel auch flankierend bei der schulmedizinischen Behandlung – etwa von chronisch-entzündlichen Erkrankungen wie Rheuma oder chronischen Schmerzen. Präparate gibt es in Pulver- oder Tablettenform, erhältlich in Apotheken und Reformhäusern. Magnesium beispielsweise kann, wie umfangreiche Untersuchungen zeigen, einen Schutzschild bei der Verhütung von Diabetes darstellen. Generell sollen sowohl Monopräparate als auch kombinierte Zitrat-Basenmittel (Seite 29) dafür sorgen, dass die Hydrogenkarbonat-Puffer im Blut wieder schlagkräftig werden beziehungsweise bleiben. Dauerhaft allerdings solltest du Ergänzungsmittel nicht einnehmen, ohne dies mit deinem behandelnden Arzt beziehungsweise deiner Ärztin oder Heilpraktiker*in abzusprechen. Auf lange Sicht geht am gesunden Lebensstil kein Weg vorbei … und der belohnt dich mit mehr Lebensenergie und innerer Gelassenheit.

BASENGLÜCK – **FOOD**

Alter Spruch, aber ja: Du bist, was du isst. Während frische Pflanzenkost wertvolle Nährstoffe liefert, die auch die eine oder andere kleine Sünde wieder ausgleichen, kann ein dauerhaft hoher Anteil säurebildender Lebensmittel verschiedene gesundheitliche Störungen befördern. Reichlich Tierisches, Kohlenhydrate und Zuckermast sowie Mengen an Genussgiften können deinen gesamten Organismus empfindlich belasten. Oft der Anfang eines fatalen Kreislaufs – den du mit basischer Ernährung leicht unterbrechen kannst! Ob ein Nahrungsmittel zu den Säure- oder Basenbildnern zählt, hat übrigens nichts mit seinem Geschmack zu tun. Eine Zitrone beispielsweise schmeckt zwar säuerlich, ist aber ein hervorragender Basenbildner. Und Vertreter dieser Gruppe sollten in deiner Ernährung den Löwenanteil von 80 Prozent ausmachen. Also Vorhang auf für das Who's who der Basenhelden!

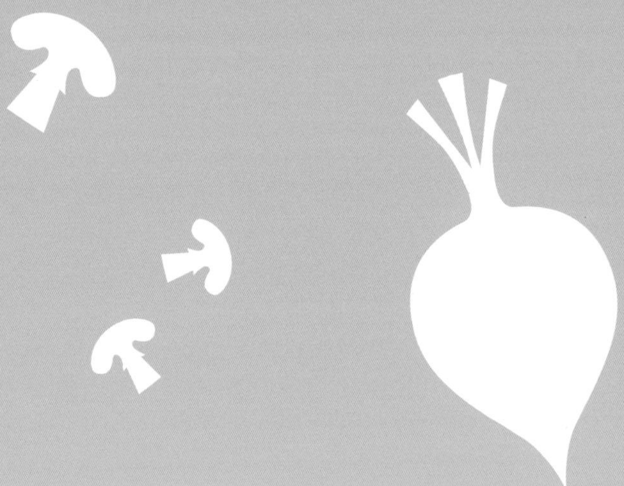

MIT BASISCHER ERNÄHRUNG MAXIMAL PUNKTEN

- DEINE LEBENSMITTEL – DEINE ENERGIESPENDER
- RAUS AUS DEN FETTNÄPFCHEN
- VITALSTOFFE, DIE DU BRAUCHST
- HEISSE PARTNER FÜR DEIN BASENGLÜCK
- MIT BASENPOWER DURCH DEN ALLTAG

DEINE LEBENSMITTEL – DEINE ENERGIESPENDER

Wenn deine Säure-Basen-Balance nach und nach in bedenkliche Schieflage gerät, spürst du die Konsequenzen irgendwann auf ganzer Linie. Bist du oft zerstreut? Vergisst Kleinigkeiten und merkst, wie deine Konzentration und Durchschlagskraft zunehmend schwinden? Und obwohl du viel isst, bist du dennoch ständig hungrig? Träge? Rennst immer wieder zum Kühlschrank, von Heißhungerspitzen angetrieben? All das sind typische Anzeichen, dass dir wahrscheinlich wichtige Vitalstoffe fehlen – heiße Partner für dein Basenglück.

IM VISIER: BASENÜBERSCHUSS

Mineralien, Vitamine und sekundäre Pflanzenstoffe sollten täglich deine Ernährung bereichern. Vor allem Gemüse, Gemüse und nochmals Gemüse liefert einen klaren Basenüberschuss. Auch Buchweizen, Quinoa oder Amarant (Seite 53) entfalten gesunde Effekte. Wähle bitte insgesamt möglichst naturbelassene Lebensmittel aus. Ob frisches Gemüse, Obst, Kräuter oder Salate – besonders empfehlenswert sind Produkte aus deiner Region, die keine langen Transportwege und Lagerzeiten hinter sich haben und so einen guten entsäuernden Effekt ermöglichen. Am besten gehst du beim Einkauf jahreszeitengerecht nach dem Saisonkalender vor. Ein Beispiel dafür gibt's unter anderem auf den Seiten des Bundeszentrums für Ernährung der Bundesanstalt für Landwirtschaft und Ernährung (BLE) unter www.bzfe.de.

AB HEUTE SAISONGERECHT!

Im Frühjahr: unter anderem Sprossen, grüne Gemüse wie zarter Blattspinat, Brunnenkresse, Pilze, Spargel, Feldsalat, Rucola, Rettich, Radieschen

Im Sommer: Gemüse wie beispielsweise Zucchini, Tomaten, Löwenzahn, Kürbis, Salate und Gurken, Früchte wie Wassermelonen und Erdbeeren

Im Herbst: zum Beispiel Nüsse, Birnen, Äpfel und Zitrusfrüchte, außerdem Pflaumen, Maroni, Kohlgemüse oder Wurzelgemüse wie Rote Bete

Im Winter: unter anderem Sesam, Pilze, Lauch, Nüsse, Kohl- und Wurzelgemüse

BRISANT: Der Anblick von Erdbeeren im Winter ist in unseren Supermärkten zwar ganz selbstverständlich geworden, steht aber auch für eine ökologische Unverantwortlichkeit: Gemüse und Obst aus beheizten Treibhäusern setzen bis zu 30-mal mehr (!) Treibhausgase pro Kilogramm als im Freiland angebaute Sorten frei.

DIE 80:20-FORMEL

Nur ein fein ausgeglichenes Verhältnis von Säuren und Basen im Körper stellt den Ablauf deiner Stoffwechselprozesse sicher. Gibt dir Power und verleiht dir einen Schutzschild gegenüber Krankheitserregern ebenso wie psychischen Stressoren. Der wichtigste Faktor für das Säure-Basen-Gleichgewicht ist eine Ernährung, die zu circa 80 Prozent aus basenbildenden Lebensmitteln bestehen sollte. 20 bis maximal 30 Prozent (im Ausnahmefall, z. B. bei Festivitäten) können säureüberschüssig sein. Als Einkaufshilfe findest du auf der vorderen Umschlagklappe eine Auflistung. Das Problem: In der Regel ernähren wir uns genau umgekehrt. Die pflanzenbetonte Ernährung beinhaltet jedoch alles, was du brauchst: neben den 3 wichtigen Makronährstoffen – den Kohlenhydraten, Eiweißen und Fetten – auch eine beeindruckende Vielfalt an weiteren Wirkstoffen. Darunter Mineralien, Vitamine und wertvolle sekundäre Pflanzenstoffe für deine Zellregeneration.

STRESS-TIPP: NERVEN MÖGEN'S NUSSIG

Bestimmte Lebensmittel wie Nüsse enthalten Nährstoffe, die für starke Nerven sorgen und psychische Funktionen unterstützen können – prall gefüllt unter anderem mit wertvollem Magnesium und B-Vitaminen. Ein absoluter SOS-Power-Snack ist 1 Handvoll Bio-Walnüsse. Auch Bio-Paranüsse sind empfehlenswert. Sie sind besonders reich an Selen – einem lebenswichtigen Spurenelement, das deine Körperzellen vor oxidativem Stress schützen kann.

RAUS AUS DEN FETTNÄPFCHEN

„Darüber mache ich mir keine Gedanken, Hauptsache lecker!" … Fragt man 10 Personen nach ihren Essgewohnheiten, erhält man sicher auch diese Antwort, doch vermutlich werden wenigstens 7 Interviewte erklären, sehr auf eine ausgewogene und gesunde Ernährung zu achten. Aber gelingt das wirklich immer so gut wie gedacht? Hier ein kleiner Soll-Ist-Check.

ICH ERNÄHRE MICH GESUND …

… das bekunden viele und doch zeigte die Nationale Verzehrsstudie II (NVS II) für Deutschland ein ganz anderes Bild: Vor allem Männer griffen bei Fleisch, Fleischerzeugnissen und Wurstwaren gern und häufig zu. Mit mehr als 1 Kilogramm solcher Nahrungsmittel pro Woche verzehren sie nahezu doppelt so viel wie Frauen. Doch noch mal zur Erinnerung: Vorwiegend tierische Produkte zu essen, ist alles andere als förderlich für deine Gesundheit! Gleichbedeutend mit hohen Fleischmengen ist etwa eine stetig steigende Säurelast für die Nieren. Dass ein höherer Konsum basenbildender Lebensmittel dagegen beispielsweise mit einem geringeren Risiko für koronare Herzerkrankungen einhergeht, belegen unter anderem Ergebnisse der US-amerikanischen Längsschnittstudie Nurses' Health Study. Reichlich basisch wirkende Mineralien stecken natürlicherweise in Obst und Gemüse, etwa Kalzium und Magnesium im optimalen Verhältnis der Natur von 3:2. Daneben liefert die pflanzliche Kost auch wichtige Ballaststoffe und – speziell in grünem Gemüse – zum Beispiel Folsäure, die einem hohen Homocysteinspiegel entgegenwirken kann. Das als Zellgift bekannte Homocystein entsteht beim Abbau schwefelhaltiger Aminosäuren, die etwa mit Fleisch und Käse allzu oft den Weg auf die Teller finden. Und dauerhaft erhöhte Homocysteinkonzentrationen können sich schädigend auf deine Blutgefäße, Herz und Gehirn auswirken. Dass insgesamt Obst, Gemüse, Hülsenfrüchte oder Vollkornprodukte in der Regel viel weiter hinten auf der Beliebtheitsskala rangieren als Tierisches, sollte also zu denken geben.

5 AM TAG

Von dieser Kampagne, die in den 1990er-Jahren in Amerika entstanden ist und in Deutschland im Jahr 2000 ins Leben gerufen wurde, hast du sicher schon einmal gehört: 5 Portionen (Handvoll) Obst und Gemüse am Tag sollten im Mittelpunkt deiner Basenernährung stehen. Davon sind idealerweise 3 Portionen Gemüse oder Salate (das Gemüse kann roh oder gegart sein, auch ein Gemüsesaft zählt mit), die anderen 2 Portionen Obst (Trockenfrüchte und Nüsse gehören hier dazu).

BRISANT: Aktuell wird von der Deutschen Gesellschaft für Ernährung e. V. (DGE) ein Orientierungswert von mindestens 250 Gramm Obst am Tag empfohlen, allerdings weder von den Männern (182 Gramm) noch von den Frauen (143 Gramm) erreicht. Ähnlich sieht es beim Gemüseverzehr aus. Hier sollten täglich mindestens 400 Gramm im Magen landen, was beide Geschlechter nur zu rund einem Drittel schaffen.

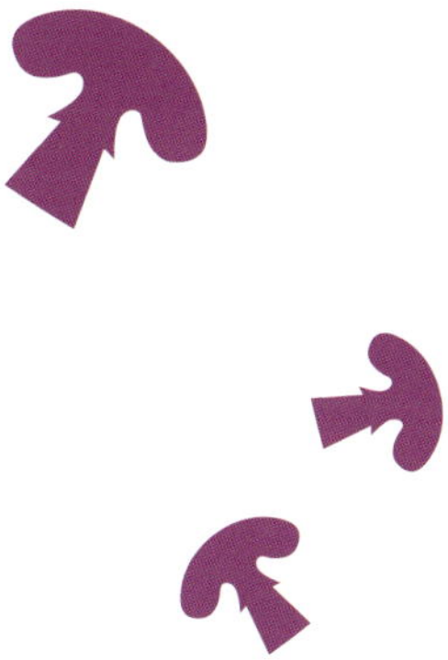

GANZ ODER GAR NICHT – ODER?

Also besser gleich vegan leben? Keine Frage, aus der Tierprodukte-Nummer sind Veganer natürlich direkt fein raus. Zumeist punkten sie auch mit reichlich Obst und Gemüse, müssen aber dafür Vitamin B_{12} und andere potenziell kritische Nährstoffe im Blick haben, die besonders oder auch ausschließlich in Fleisch und Co. stecken. Aus ethischer wie ökologischer Sicht ist vegane Ernährung zweifellos eine gute Lösung, aber für deine Säure-Basen-Balance definitiv kein Muss. Wenn du hochwertige tierische Nahrungsmittel in deinen Speiseplan einbaust, musst du dir sogar weniger Gedanken um eventuelle Defizite machen, denn eine ausgewogene Mischkost ist – wie auch von Ernährungsmedizinerin Claudia Thiel (Seite 14) empfohlen – die artgerechte Ernährungsweise des Menschen. Und der Schokopudding für die Seele oder das Gläschen Wein am Abend? Gehen auch mit, keine Sorge! Gleich auf ganzer Linie Verzicht üben zu wollen, ist ein Fehler, den viele machen, wenn sie einmal hochmotiviert den Entschluss gefasst haben, ihre Ernährung umzukrempeln. Schlussendlich sind solche Vorsätze aber meist zum Scheitern verurteilt, und sie erzeugen: Stress – emotionalen Stress, der, wie du schon weißt (Seite 25), ebenfalls sauer macht. Eine allzu strenge Herangehensweise kann deine Situation also sogar eher verschlechtern statt verbessern. Daher noch einmal und deutlich gesagt: Bei der basischen Ernährung ist grundsätzlich alles erlaubt. Es geht vielmehr darum, bei der Menge, Art und Kombination deiner Lebensmittel mithilfe der 80:20-Formel (siehe vordere Umschlagklappe) bewusster vorzugehen.

VITALSTOFFE,
DIE DU BRAUCHST

Eine stark fleisch- und zuckerbetonte Kost ist mineralien- und vor allem kaliumarm, dagegen eine frische pflanzenbetonte Ernährung ein echter Vitalstoffbooster. Sie liefert elementare Mineralstoffe, die Säuren in Schach halten, Vitamine, die unzählige Stoffwechselprozesse stützen und steuern, sowie sekundäre Pflanzenstoffe, die vielfältige krankheitsvorbeugende Effekte entfalten. Ein starker Dreierpack.

MINERALSTOFFE

Mineralien sind lebensnotwendig für deinen Organismus. Beispielsweise können nur mit ausreichend vorhandenen Mengen an Kalium, Kalzium, Magnesium und Natrium deine Körperfunktionen reibungslos ineinandergreifen, so ähnlich wie alle Komponenten des Motors in deinem Auto, wenn der Ölstand stimmt. Generell werden Mineralstoffe in Mengen- und Spurenelemente unterschieden. Die Mengenelemente – in gelöster Form auch Elektrolyte genannt – sind diejenigen, die mit einem Anteil von mehr als 50 Milligramm pro Kilogramm Körpergewicht in deinem Organismus vorkommen. Bei den Spurenelementen liegt die Konzentration darunter, ausgenommen Eisen mit etwa 60 Milligramm pro Kilogramm Körpergewicht. Aufgrund seiner besonderen Stellung wird es dennoch zu den Spurenelementen gerechnet, wie auch zum Beispiel Jod, Kupfer, Zink, Chrom und Selen.

RAN AN DIE WURZEL!

Mit reichlichen Ballast- und Mineralstoffen, außerdem Vitaminen und ätherischen Ölen sind nicht zuletzt die Wurzeln unter den Gemüsen hervorragende Basenlieferanten. Vor allem in der Wintersaison können sie dein wärmendes Basen-Highlight des Tages sein. Einige möchte ich dir etwas näher vorstellen. Achte doch beim nächsten Einkauf einmal auf diese Vitalstoffbomben.

Pastinake: Das schon von den Römern geschätzte süßlich schmeckende Wurzelgemüse erlebt derzeit ein Comeback. Pastinaken enthalten viel Vitamin C, außerdem die Basenmineralien Kalium, Kalzium und Magnesium sowie Folsäure (Vitamin B_9). Diese beeinflusst unter anderem deine Zellteilung und -entwicklung sowie die Blutbildung.

Petersilienwurzel: Sie ist besonders reich an Vitamin C und B-Vitaminen, welche unter anderem die Bildung von Antikörpern unterstützen. Enthaltene ätherische Öle wie Apiol wirken zusätzlich entwässernd.

Rettich: Er schmeckt bekanntermaßen scharf – gegenüber den milderen Mai- und Sommersorten vor allem die derberen Herbst- und Winterrettiche. Der Winterrettich wird auch Schwarzer Rettich genannt, er liefert die meisten Vitalstoffe – darunter Kalium, Kalzium, Magnesium und Eisen – und lässt sich problemlos über Monate lagern. Die enthaltenen Senföle fördern die Verdauungssäfte und die Gesundheit von Leber und Galle.

Rote Bete: Hier steckt viel Eisen und Kalium drin: Die kalorienarme Rote Bete verbessert die Zellatmung und hilft mit ihrer Fülle an Basenmineralien zum Beispiel auch bei Kopfschmerzen – egal ob roh oder gekocht. Darüber hinaus hat sie reichlich Ballaststoffe, Vitamin C, Folsäure und weitere Vitamine der B-Gruppe sowie Eiweiß zu bieten.

Topinambur: Die eisenreiche Erdartischocke oder auch Erdbirne gehört zur selben Pflanzengattung wie Sonnenblumen. Nicht ohne Grund auch ein Sonnenschein für deine Basenernährung: Studien belegen für den Verzehr von Topinambur eine verbesserte Aufnahme von Kalzium aus dem Darm.

SEKUNDÄRE PFLANZENSTOFFE

Sie gehören wie auch die Vitamine A, C und E zu den wertvollen Substanzen, die oxidativem Stress durch zu viele freie Radikale (das sind aggressive Sauerstoffmoleküle, denen ein Elektron fehlt) in deinem Körper effektiv begegnen können. Zum Beispiel Chlorophyll, die Familie der Carotinoide, Phytoöstrogene oder auch der Flavonoide. Zu Letzterer gehören auch die Anthocyane – wasserlösliche Pflanzenfarbstoffe, die Blüten und Früchten wie Kirschen und dunklen Beeren ihre rotviolette bis blauschwarze Färbung verleihen. Ihnen schreibt man nicht nur immunmodulierende und gefäßschützende, sondern sogar antikarzinogene, also vor Krebserkrankungen schützende Effekte zu.

VITAMINE

Jene Mikronährstoffe werden in wasser- und fettlösliche Vitamine eingeteilt. Diese Gruppierung beschreibt, wie die Vitamine in deinem Körper am besten aufgenommen und verwertet werden können. Die fettlöslichen Vitamine A, D, E und K sollten möglichst immer mit Fett verzehrt werden, wie etwa dem Olivenöl im Salat. Diese Vitamine regulieren zum Beispiel wichtige Stoffwechselprozesse und stellen ein natürliches Schutzsystem dar. Die Vitamine der B-Gruppe oder auch Vitamin C tragen etwa zur normalen Funktion deines Energiestoffwechsels bei. Fazit: Du brauchst Vitamine für Haut, Schleimhäute und Knochen, für Zellteilung und Blutbildung, für das Nervensystem, die Hormontätigkeit und natürlich als Radikalfänger.

HEISSE PARTNER
FÜR DEIN BASENGLÜCK

Stehen alle Zeichen in deinem Organismus auf sauer, sind Mineralstoffe gefragter denn je. Sie wirken neutralisierend, unterstützen Entgiftungsprozesse und fördern die Remineralisierung bereits angegriffener Strukturen. Wie dir vor allem Kalzium, Kalium, Magnesium, Zink und Eisen bei chronischer Übersäuerung helfen und dieser vorbeugen können, erfährst du auf den folgenden Seiten.

DER KALIUM-GIGANT

Eine Schlüsselrolle bei der Entsäuerung deiner Körperzellen kommt dem Mineral Kalium zu. Es sorgt für die Aufrechterhaltung der normalen Funktion deiner Muskeln und des Nervensystems, außerdem reguliert es deinen Blutdruck und bildet dabei den natürlichen Gegenspieler von Natrium. Eine überaus wichtige Aufgabe, denn große Mengen Natriumchlorid, also Kochsalz, in deiner Ernährung können zur Verhärtung des Endothels, der Innenauskleidung deiner Gefäße, beitragen. Studien belegen, dass Kalium genau das Gegenteil bewirken kann: Offensichtlich fördert das Mineral die Geschmeidigkeit deiner Gefäße und hilft so auch, Ereignissen wie einem Schlaganfall vorzubeugen. Bei chronischer Übersäuerung kann es jedoch zunehmend zu einem Kaliummangel und damit einer Beeinträchtigung deines Zellstoffwechsels kommen. Du findest den Giganten für deine Gesundheit zum Beispiel in Pistazien, Bananen, Trockenfrüchten oder Kohl.

KALIUMGEHALT IN „GRÜNEN“ LEBENSMITTELN*

Aprikosen, getrocknet	1.664 mg
Sojasprossen	630 mg
Haselnüsse, geröstet	597 mg
Champignons	387 mg
Kartoffeln, gegart	321 mg
Kiwi	295 mg
Honigmelone	285 mg
Blumenkohl, gegart	244 mg
Tomaten	241 mg

BRISANT: Während Naturvölker viel Kalium (bis mehr als 11 Gramm/Tag) und wenig Natrium (bis 1 Gramm/Tag) aufnehmen, ist das Verhältnis in unserer westlichen Ernährung mit teils weniger als 1 Gramm Kalium und weit mehr als 14 Gramm Salz (das entspricht circa 5,6 Gramm Natrium) am Tag genau umgekehrt! Die DGE empfiehlt eine Aufnahme von mindestens 4.000 Milligramm Kalium für Erwachsene täglich.

***(je 100 g) (Auswahl)**

DER KALZIUM-CODE

Eine kalziumreiche Ernährung ist für starke Knochen unerlässlich. Auch für ein vermindertes Harnsteinrisiko, starke Nerven und viele Vitalfunktionen, wie die Regulation des Herzrhythmus, ist Kalzium mitverantwortlich. Speziell Hartkäsesorten wie Parmesan haben einen hohen Kalziumgehalt. Als kalziumreich gelten auch Mineralwässer, die mindestens 150 Milligramm pro Liter enthalten, grüne Gemüse wie Brokkoli und Grünkohl sowie Nüsse. Übrigens haben Studien zufolge Vitamin D und auch Vitamin K_2 großen Einfluss auf den Kalziumstoffwechsel.

KALZIUMGEHALT IN „GRÜNEN" LEBENSMITTELN*

Grünkohl	212 mg
Rucola	160 mg
Spinat	126 mg
Weiße Bohnen, gekocht	113 mg
Tofu	105 mg
Fenchel	100 mg
Brokkoli	85 mg
Kohlrabi	68 mg
Lauch	63 mg

BRISANT: Jugendliche und Erwachsene sollten laut DGE täglich 1.000 bis 1.200 Milligramm zu sich nehmen. Damit du das aus der Nahrung aufgenommene Kalzium optimal resorbieren und verwerten kannst, ist Vitamin D wichtig: Täglich 1.000 I. E. (Internationale Einheiten) werden empfohlen.

***(je 100 g) (Auswahl)**

DER MAGNESIUM-JUNGBRUNNEN

Bei Magnesium denkst du sofort: Habe ich schon einmal gehört, das hilft doch gegen Wadenkrämpfe! Stimmt, aber ein Magnesiummangel kann noch viel weitreichendere Folgen haben, denn das Mineral ist nicht nur für die Muskelfunktion zuständig, sondern auch unerlässlich für die Energiegewinnung in jeder deiner Körperzellen sowie für dein Nervensystem. Daher ist es unter anderem auch als Anti-Stress-Mineral bekannt. Zivilisationsleiden wie Diabetes Typ 2, Fettstoffwechselstörungen oder Gefäß- und Herzleiden stehen ebenfalls mit einem Mangel an Magnesium in Verbindung. Und auch vorzeitiges Altern insgesamt, wie eine italienische Studie der Universität von Palermo belegt. Eine sehr einseitige Diät kann zum Magnesiumdefizit führen, so ein Resümee der Forscher um Professor Barbagallo. Ebenso eine gestörte Darmresorption wie auch der beschriebene körpereigene Raubbau (Seite 28). Ein Warnhinweis für Magnesiummangel kann wiederkehrende Verstopfung sein, denn der Mineralstoff wird für eine gute Tätigkeit deiner Darmmuskulatur dringend benötigt. Wenn du bei deinem Arzt beziehungsweise deiner Ärztin deine Mineralstoffkonzentrationen prüfen lassen möchtest, werden hierzu meist die Werte im Serum herangezogen. Was aber zu ungenau ist. Das heißt, deine Blutwerte können völlig in Ordnung sein, während intrazellulär – in deinen Zellen – bereits Mangelalarm herrscht. Frage daher nach einer Vollblutuntersuchung für Magnesium und weitere Mineralien.

MAGNESIUMGEHALT IN „GRÜNEN“ LEBENSMITTELN*

Spinat	450 mg
Naturreis	157 mg
Haferflocken	140 mg
Weiße Bohnen, gekocht	130 mg
Roggenvollkornmehl	83 mg
Linsen	77 mg
Bananen	36 mg
Kohlrabi	33 mg
Kirschen	20 mg

BRISANT: Erwachsene sollten je nach Alter und Geschlecht nach Angaben der DGE täglich 300 bis 400 Milligramm Magnesium aufnehmen.

***(je 100 g) (Auswahl)**

DER EISEN-BOOSTER

Mit Eisen kommt ein essenzielles Spurenelement für grundlegende biochemische Reaktionen ins Spiel. Es steckt zu rund 70 Prozent in deinem roten Blutfarbstoff Hämoglobin, dient also dem Sauerstofftransport, der Sauerstoffspeicherung in deinen Muskeln und stellt zudem ein wichtiges Antioxidans dar. Es ist zum Beispiel in der Lage, die Oxidation von LDL-Cholesterin zu unterbinden und damit deine Gefäße vor Ablagerungen zu schützen. Dagegen kann ein Eisenmangel dazu führen, dass du immer mehr Giftstoffe im Körper bunkerst, was die entscheidende Rolle des Spurenelements für deinen Säure-Basen-Haushalt verdeutlicht. Ständig müde und erschöpft, blass oder unfähig, dich zu konzentrieren? – all das können Anzeichen eines Eisenmangels sein. Der tägliche Bedarf liegt für Erwachsene bei 10 bis 15 Milligramm (höherer Bedarf z. B. bei menstruierenden Frauen) am Tag. Generell wird Eisen zusammen mit Vitamin C besser von deinem Körper aufgenommen. Reich an Eisen ist natürlich rotes Fleisch, aber es gibt auch gute pflanzliche Lieferanten wie Hülsenfrüchte, Haferflocken, Hirse, Tofu, Lauch, Fenchel, Grünkohl, Feldsalat, Rosenkohl oder Schwarzwurzeln.

EIN GANZ WICHTIGER TEAMPLAYER: KUPFER

Auch das Spurenelement Kupfer sorgt für die Stabilisierung deines Blut-pH-Werts. Es trägt unter anderem dazu bei, dass der Homocysteinspiegel (Seite 44) in deinem Blut gesenkt und die Aufnahme von Eisen gefördert werden können. Zudem ist Kupfer ein bedeutendes Antioxidans, das viele Aminosäuren vor Oxidation – also bildhaft gesprochen quasi vor „Verrostung“ – schützen kann. Auch wenn du dein Bindegewebe nähren und erhalten möchtest, ist Kupfer entscheidend, denn es organisiert die Vernetzung kollagener Fasern. Am Aufbau deiner Knochen ist es ebenfalls beteiligt. Reich an Kupfer sind neben Fischen, wie zum Beispiel Scholle, oder Hühnchenfleisch auch Kartoffeln, Artischocken, Hülsenfrüchte, Vollkornprodukte, Kakao, Steinpilze, Rote Bete und Brokkoli.

BRISANT: 1 bis 1,5 Milligramm pro Tag lautet hier die von der DGE empfohlene Aufnahme für Erwachsene.

DER ZINK-FAKTOR

Auch Zink braucht dein Körper, um wichtige Puffersubstanzen zu bilden, die fortlaufend für einen ausgewogenen Säure-Basen-Haushalt gebraucht werden. Zink benötigst du weiterhin für den Fettstoffwechsel und das Immunsystem. Für deine Knochen wie auch für geistiges Leistungsvermögen. Für deine Fruchtbarkeit oder auch für Haut, Haare und Nägel. Wenn du zum Ausgleich von Stress im Job extrem viel Sport machst und dabei viel schwitzt, kann dein Bedarf erhöht sein. Je nach Lebensphase, Situation, Geschlecht und Ernährungsgewohnheiten liegt die seitens der DGE empfohlene Zufuhr bei 7 bis 16 Milligramm täglich. Bei Frauen mit einem positiven Pap-Abstrich (Krebsvorsorgeabstrich) beispielsweise können aber vorübergehend auch Nahrungsergänzungen mit höheren Dosen von 25 Milligramm am Tag sinnvoll sein. Ebenso wie für Eisen und die für deinen Säure-Basen-Haushalt wichtigen Mineralien Kalium, Kalzium und Magnesium solltest du daher temporär unterstützende Nahrungsergänzungen im Einzelfall immer mit deinem behandelnden Arzt beziehungsweise deiner Ärztin oder Heilpraktiker*in besprechen. Auch wenn du dich rein vegetarisch oder vegan ernährst. Hervorragende Zinklieferanten sind zum Beispiel Weizenkeime, weitere gute Quellen: Käse (vor allem Edamer), Milchprodukte, Kartoffeln, Vollkornprodukte oder Möhren, Sojabohnen, Kürbiskerne oder Linsen.

PHOSPHATHALTIGES MEIDEN

Während die Deutschen im Schnitt zu wenig von den basenbildenden Mineralien Kalium, Kalzium und Magnesium aufnehmen, werden Natrium, Chlorid und auch Phosphate in Übermengen konsumiert. Ein Grund hierfür ist, dass Phosphat nicht nur in praktisch all unseren Lebensmitteln natürlicherweise vorkommt. Es dient auch der Lebensmittelindustrie als Zusatzstoff, Konservierungsmittel, Trenn- und Backtriebmittel, um die hergestellten Produkte einerseits in ihrer Konsistenz oder in ihrem Geschmack zu beeinflussen und sie andererseits länger haltbar zu machen. Phosphatzusätze gelangen beispielsweise beim Verzehr von Schmelzkäse, Wurst und Fleisch, Backwaren sowie Softdrinks in deinen Körper. Und das hat Konsequenzen: Phosphate können zum Beispiel Kalzium binden, sodass Letzteres nicht mehr ausreichend in deine Knochen eingebaut werden kann. Ebenso können Phosphate das Herauslösen von Kalzium aus den Knochen – sprich den körpereigenen Raubbau – beschleunigen. Studien belegen für hohe Phosphatspiegel zudem einen Zusammenhang mit Gefäßverkalkung, Herz-Kreislauf-Erkrankungen wie auch mit erhöhter Gesamtsterblichkeit.

BRISANT: Eine Studie des Forschungs instituts für Kinderernährung (FKE) kam 2008 zu dem Ergebnis, dass Jugendliche, die täglich große Mengen an Softdrinks konsumierten, weniger stabile Knochen und ein erhöhtes Risiko für Osteoporose im Erwachsenenalter hatten.

MIT BASENPOWER
DURCH DEN ALLTAG

Bevor ich dir im letzten Kapitel viele frische Rezeptideen vorstelle, die sich ganz stressfrei und leicht in deinen beruflichen Alltag integrieren lassen, hier noch mal ein paar Basenglück-Tipps und Tricks in Sachen Food. Welche Nahrungsmittel sind wahre Allroundtalente, und wann unterstützen sie deinen Körper am besten beim Entsäuern und Entgiften? Geschickt gewählt und perfekt getimt, läuft es basisch bestens.

MORGENS KNACKIG PUNKTEN

Hochwertige komplexe Kohlenhydrate und Vitalstoffe sind die perfekte Basis für einen energievollen Start in den Tag – frei von Heißhungerattacken oder gähnender Müdigkeit schon am Vormittag. Zum Frühstück bieten sich beispielsweise Vollkorngetreide, Frischkornbrei, Haferflocken, Früchte, Smoothies, Nüsse und Kerne an. Basenüberschüssiges unterstützt die natürliche Ausscheidungsphase am Morgen und ist eine gesunde Alternative zu Weißmehlprodukten, Zuckerlastigem oder tierischen Proteinen – und das mit vergleichsweise deutlich weniger Kalorien. Dafür bekommst du geballte Power in Sachen Mineralien, Vitamine und sekundäre Pflanzenstoffe.

Für die Getreideauswahl gilt: Zwar gehört Getreide prinzipiell zu den Säurebildnern, aber im Vollkorn stecken im Gegensatz zum Auszugsmehl wertvolle Mineralstoffe, die wiederum säurepuffernde Wirkung haben. Außerdem enthält es Vitamine und Ballaststoffe. Und Letztere darfst du reichlich verzehren: Mehr als 75 Prozent der Frauen und 68 Prozent der Männer erreichen laut Nationaler Verzehrsstudie die von der DGE empfohlene Zufuhr von mindestens 30 Gramm täglich nicht. Schade, denn Ballaststoffe machen dich länger satt, helfen, Blutzuckerspitzen und Heißhungerattacken zu reduzieren, und verbessern deinen Insulinhaushalt. Insulin ist das Hormon, das dafür zuständig ist, den Zucker in die Zellen zu schleusen. Auch an der Regulation deines Fett- und Eiweißstoffwechsels ist das Hormon beteiligt.

LÄNGER LEBEN MIT BALLASTSTOFFEN

25 bis 30 Gramm Ballaststoffe am Tag senken das Risiko für Darmkrebs, Diabetes und Herz-Kreislauf-Erkrankungen um bis zu 30 Prozent.

BRISANT: Die Gesamtsterblichkeit wird verschiedenen Studien zufolge um circa 15 Prozent reduziert.

ALLESKÖNNER: QUINOA & CO.

Neben einem frischen Obstsalat oder Smoothie können **Hirse** sowie die Pseudogetreide **Buchweizen, Amarant** und **Quinoa** weitere Stars auf deinem Teller sein. Hättest du gedacht, dass Quinoa mit Spinat und Mangold verwandt ist? Ist aber so. Die Quinoa gehört ebenfalls zur Gattung dieser Gänsefußgewächse und ist eben kein Getreide. Wie auch Buchweizen, Hirse und Amarant enthält Quinoa kein Gluten, aber dafür fast doppelt so viel Kalzium und Eisen wie etwa Weizen. Zudem punktet die Pflanze mit Mangan und Kupfer, die für die Aktivität antioxidativer Enzyme und damit für die Entgiftung freier Radikale eine entscheidende Rolle spielen. Die Vitamine C und E sowie Zink, Magnesium und wertvolle Omega-3-Fettsäuren stecken ebenfalls in Quinoa, die übrigens in den Hochlagen der Anden auf 6.000 Metern beheimatet ist. Der Proteingehalt der Körner schwankt je nach Sorte zwischen 11 und 18 Prozent. Und anders als in Reis oder Weizen finden sich alle für den menschlichen Organismus essenziellen Aminosäuren darin. Besonders hoch ist der Lysingehalt – wichtig für deine Abwehrkräfte! Nicht zu vergessen Tryptophan, eine Aminosäure, aus der dein Körper das Glückshormon Serotonin bilden kann. Freu dich also auf ein Superfood, das für ein gleichbleibend hohes Energielevel und eine ausgewogene Säure-Basen-Balance sorgen kann.

SCHNELLES INKA-FOOD

Du kannst das Inka-Korn einfach wie Reis in der doppelten Menge Wasser aufkochen. 10 Minuten bei geringer Hitze köcheln, Herd ausstellen und nochmals 10 Minuten quellen lassen. Fertig ist ein Frühstücksbrei, den du pur genießen oder mit Honig und reichlich Beerenfrüchten pimpen kannst – zum Beispiel auch in ein Glas gefüllt für die Frühstückspause am Arbeitsplatz. Wie wäre es mit raffinierten Toppings aus gerösteten Haselnüssen oder Erdmandelflocken? Oder probier doch mal den Power-Pudding mit Quinoa und Orangen von Seite 76.

Erdmandeln – die auch als Tigernüsse bekannt sind – stammen übrigens vom Erdmandelgras, sind also weder mit Mandeln noch mit Nüssen verwandt, schmecken aber mandelähnlich. Als natürliche Ballaststoffquelle (mit einem Ballaststoffanteil von circa 30 Prozent!) liefern sie außerdem den Radikalfänger Vitamin E und wertvolles Magnesium.

MITTAGS TANZT DIE KNOLLE

Mittags ist es oft besonders schwierig, sich gesund zu ernähren. Kantinen oder der Imbiss um die Ecke warten leider gern kalorienreich und fettbetont auf, während man hochwertige Eiweiße, frisches Gemüse und knackige Salate vergeblich sucht. Geht es dir da nicht anders, ist Selbstversorgung angesagt – zum Beispiel mit einem bunten Salat im Glas oder praktischen Veggie-Bratlingen mit Haferflocken und Feta aus dem Rezeptteil (Seite 86). Alternativ kannst du öfter und ganz traditionell auf die gute alte Kartoffel setzen. Die heute zumeist unterschätzte Erdknolle ist das einzige Grundnahrungsmittel, das einen klaren Basenüberschuss liefert. Grund genug, sie zu deinem basischen Fleisch zu erklären. Was nicht heißt, dass du völlig auf Fleisch, Wurst und Fisch verzichten musst. Im Gegenteil: Vor allem fettreiche Kaltwasserfische wie Lachs oder Makrele können dir – an 1 bis 2 Tagen in der Woche – gesundheitsfördernde Omega-3-Fettsäuren und hochwertiges Eiweiß liefern.

Ich persönlich liebe die Kartoffel, weil sie unterwegs auch kalt ein Hochgenuss ist. Der amerikanische Ernährungsspezialist John A. McDougall bezeichnet sie sogar als ein „komplettes Nahrungsmittel", weil sie alle Nährstoffe in ausreichenden Mengen mitbringt (ausgenommen Vitamin B_{12}). Außerdem enthält sie hochwertiges Eiweiß und darmfreundliche Ballaststoffe, die deinem Immunsystem zugutekommen. Auf Kroketten, Bratkartoffeln & Co. solltest du allerdings eher verzichten, denn neben zu viel Fett im Allgemeinen fallen hier auch unerwünschte Transfette unangenehm auf. Bei Pell- oder Ofenkartoffeln ist der gesundheitsfördernde Effekt am größten, weil viele gute Inhaltsstoffe direkt unter der Schale sitzen und so nicht vom Kochwasser ausgelaugt werden. Besonders hervorzuheben ist der hohe Kaliumgehalt der Kartoffel, der das Säure-Basen-Gleichgewicht in den Körperzellen unterstützen kann. Auch der Radikalfänger Selen ist mit an Bord. Und last but not least haben 3 Kartoffeln (200 Gramm) genauso viel Vitamin C wie 2 Äpfel, sie machen dank ihres Stärkegehalts rasch satt, sind aber trotzdem ausgesprochen kalorienarm. Was will man mehr?

WÜRZIGE STOFFWECHSELBOOSTER

Am Herd und bei Tisch solltest du weitestgehend auf Salz verzichten, denn es kann das Bakterienmilieu im Magen stören und die Ausscheidung von basischem Kalium erhöhen. Setze generell eher auf Kräutersalz aus dem Naturkostladen. Wenn du es gerne würzig magst, empfiehlt sich alternativ auch Kurkuma, außerdem Chilischoten für ein kräftiges Geschmackserlebnis. Diese Gewürze unterstützen die Entgiftung, da sie mit ihren Scharfstoffen den Stoffwechsel ankurbeln können.

SAGENHAFTE KÜCHENKRÄUTER

Frische Wildkräuter wie Brennnessel, Löwenzahn, Schafgarbe, Labkraut oder Giersch sollten in keiner (Basen-)Küche fehlen, denn sie warten mit einem hohen Kalziumgehalt auf. Also gern regelmäßig und reichlich davon! Pflanzen wie Löwenzahn enthalten zudem Bitterstoffe, die deinen Speichelfluss anregen und die Verdauungssäfte stimulieren können. Nutze auch Keimlinge und Sprossen und experimentiere im Zweifel, was dir mundet. Probieren geht hier eindeutig über Studieren!

ABENDS LIEBER LEICHT

Am Abend gewinnst du besonders mit gedünstetem Gemüse und Gemüsesuppen – vor allem guten Schlaf, denn Rohkost oder sehr fettreiche Kost kann deine Verdauungsorgane dann merklich belasten. Und die haben ja irgendwann auch mal Feierabend – nach der chinesischen Organuhr vor allem dein Magen nach etwa 19 Uhr. Das leuchtet auch ein: Die Aufnahmebereitschaft deines Körpers sinkt in den Abendstunden, weil er sich auf die kommende nächtliche Regenerationsphase einstellt. Mit der Königin unter den Basengemüsen, der Möhre, bist du jetzt aber bestens beraten. Sie ist leicht verdaulich und hat starkes Betakarotin im Gepäck, das immunstimulierende, cholesterinsenkende und auch krebshemmende Wirkungen entfalten kann. Tipp: Gare die Möhren häufiger, statt sie roh zu verzehren. Aufgrund der harten Zellwände im Rohzustand kann das wertvolle Betakarotin nur begrenzt aufgenommen werden. Durch Kochen oder zumindest Zerkleinern brechen die Zellmembranen hingegen auf und der energievolle Wirkstoff ist besser bioverfügbar. Ebenso durch die Zugabe von etwas Fett, denn die Verwertung des sekundären Pflanzenstoffs ist auch an den Fettstoffwechsel gebunden.

Karotinoide, eine Vorstufe von Vitamin A, stecken übrigens auch in Brokkoli, Grünkohl, Spinat, Paprika, Feldsalat und Wirsing. Wertvolle Flavonoide zum Beispiel in Grünkohl, Zwiebeln und Auberginen. Auch sie sind hitzestabil. Beim Kochen werden sie allerdings ans Wasser abgegeben, das du also nicht wegkippen, sondern mit verwenden solltest: Dazu kannst du das gedünstete Gemüse beispielsweise mit etwas Basenbrühe aufgießen und pürieren. Schon hast du eine frische Suppe, die du nach Belieben mit frischen Kräutern und Gewürzen abschmecken kannst. Toppings wie Mandelblättchen oder Kastanienflocken eignen sich zum Pimpen deiner schmackhaften Gemüsesuppe. Guten Appetit!

BASENGLÜCK – **TREATMENT**

Übersäuerung bedeutet oft Energiemangel, inneres Kältegefühl und Konzentrationsschwäche. Da fragst du zu Recht: Wie soll ich denn so arbeiten? Genau, das wird auf Dauer echt schwierig … Bist du aber bereit, deinen persönlichen Lebensstil anzupassen, achtsamer und bewusster mit deinen Ressourcen umzugehen, wird dich dein Körper mit einem dicken Wohlfühlplus belohnen. Die Basis für dein Basenglück liegt zweifellos auf deinem Teller, doch du kannst ihm noch mit vielem mehr auf die Sprünge helfen. Zum Beispiel mit wohltuenden Basenbädern, die die Ausleitung von Giftstoffen fördern: Anti-Aging pur. Fancy fit mit basischen Strümpfen oder ganz tiefenentspannt mit Yoga. Kommst du wieder in Balance, wirst du schnell spüren: Basenglück ist pures Lebensglück!

BESTENS BASISCH BEHANDELT

- 10-PUNKTE-PROGRAMM: SO KOMMST DU WIEDER IN BALANCE
- ENTSÄUERNDE WASSER-ANWENDUNGEN
- SCHLAF GUT! DEIN LAND DER TRÄUME

10-PUNKTE-PROGRAMM:

SO KOMMST DU WIEDER IN BALANCE

Wenn du dauerhaft gestresst bist, reagiert dein Hormonsystem. Dein Körper schüttet permanent Stresshormone aus, die wiederum zahlreiche Stoffwechselprozesse beeinflussen und schlussendlich zur Übersäuerung des Gewebes führen. Der Energiestoffwechsel wird langsamer. Mögliche Folgen sind unterversorgte Organe, geschwächte Abwehrkräfte und eine geminderte körpereigene Entgiftungsleistung. Mit diesen 10 Schritten schaffst du die Kehrtwende.

1.

Täglich ausreichend trinken: Im Durchschnitt solltest du täglich 1,5 bis 2 Liter trinken (bei z. B. Sport und Training oder starkem Schwitzen mehr). Gut ausleitend wirken Heilwässer und Basentees (Seite 34). Eine genügende Trinkmenge ist am Urin erkennbar, der einmal am Tag nahezu klar sein sollte.

2.

Überwiegend basisch essen: 80 Prozent basenbildende Nahrungsmittel sollten jeden Tag in deinem Magen landen. Mineralien wie Kalium, Kalzium und Magnesium kommen deinem Nervenkostüm zugute und können Auswirkungen von Stress und Hektik mindern. Übrigens: Feste Essenszeiten und gründliches Kauen unterstützen ebenfalls die Säure-Basen-Balance.

3.

Rohkost vor 14 Uhr genießen: Obst und rohes Gemüse solltest du vor 14 Uhr verzehren. Vor allem, wenn du oft Magen-Darm-Probleme hast, denn am Spätnachmittag ist Rohkost schwerer verdaulich. Alles, was nach 19 Uhr gegessen wird – dazu zählen auch Getreideprodukte – kann zumeist nicht mehr optimal verwertet werden und überfordert unter anderem deine Leber. Sehr späte schwere Mahlzeiten sind oft der Nährboden für giftige Stoffwechselendprodukte, die eine Übersäuerung vorantreiben können.

4.

Im Verhältnis 3:2 mehr Gemüse als Obst: Frische Bio-Gemüse sind der Grundpfeiler deiner Basenernährung. Bitte denke auch daran, dass nur reife Nahrungsmittel basisch verstoffwechselt werden. Unreifes Obst und Gemüse hilft dir also nicht beim Entsäuern und kann zu Blähungen führen. Generell solltest du Gemüse und Obst immer erst kurz vor der Zubereitung waschen und zerkleinern, damit die wasserlöslichen Vitalstoffe nicht verloren gehen. Gemüse am besten dünsten, nicht kochen. Durch das milde Garen bleiben mehr lebenswichtige Vitamine, Mineralstoffe und sekundäre Pflanzenstoffe erhalten.

5.

Kleine Sünden erlauben: Jeder hat mal Lust auf Süßes. Lege zum Ausgleich bitte regelmäßig einen Basenglück-Tag (Seite 37) ein. Heißhunger lässt sich auch hervorragend mit Apfel- oder Birnenkraut stillen. Eine weitere gute Alternative zum Schokoriegel sind 2 bis 3 getrocknete Datteln. Die Trockenfrüchte liefern dir viele nervenstärkende Substanzen wie die Mineralien Kalium und Magnesium sowie Vitamin B_6, Niacin und wertvolle Antioxidantien.

6.

Hohen Alkohol- und Nikotinkonsum reduzieren: Genau wie Süßigkeiten und Softdrinks wirken diese Genussmittel stark säurebildend bei der weiteren Verarbeitung in deinem Körper.

7.

In Bewegung bleiben: Regelmäßiges leichtes Training ist dabei besser als unregelmäßige Überanstrengung. Finde heraus, an welchem Sport du so richtig Freude hast: draußen oder drinnen? In der Mannschaft oder allein auf Wald- und Feldwegen unterwegs? Ein täglicher Spaziergang steht sportlichem Training hier übrigens in nichts nach.

8.

Schluss mit Stress: Sowohl körperlich als auch seelisch-geistig. Entspannende Übungsverfahren wie Yoga, Qigong oder Atemtherapie können dich dabei unterstützen und sind insbesondere in den Abendstunden sinnvolle Helfer für das innerliche Herunterfahren nach getaner Arbeit – und Wegbereiter für einen guten Schlaf (Seite 62).

9.

2-mal wöchentlich ins Schwitzen kommen: Mit dem Schweiß werden viele Giftstoffe und Säuren ausgeschieden. Wohltuend ist zum Beispiel ein Saunabesuch, der nebenbei noch für viel Entspannung sorgt.

10.

Regelmäßig entsäuernde Wasseranwendungen: Ein wöchentliches Basenbad entlastet Körper, Geist und Seele und steigert das Wohlbefinden (Seite 60 f.).

STRESS-TIPP: MIT ALLEN SINNEN GENIESSEN

Isst du oft auf dem Weg zur oder von der Arbeit? Nebenher zwischen Tür und Angel? Dann hast du sehr wahrscheinlich nie das Gefühl, so richtig satt zu sein. Denn nur bewusstes Genießen und eine Mahlzeit ohne Ablenkung nimmt dein Gehirn auch als solche wahr und vermeldet zuverlässig, wann du satt bist und wann wieder Energiebedarf besteht. Ändere deine To-go-Gewohnheiten am besten noch heute! Stehe dafür 20 Minuten früher auf, richte dir deine Mittagspause konsequent immer zur gleichen Uhrzeit ein oder decke abends mit Hingabe den Tisch. Und: Gönne dir und deinem glühenden Smartphone währenddessen mal eine Pause.

ENTSÄUERNDE WASSERANWENDUNGEN

Basische Körperpflege ist eine natürliche und wohltuende Art und Weise, die Ausscheidung über die Haut zu nutzen und Säuren wie Harnsäure oder Schwefelsäure sanft auszuleiten. Nicht umsonst bezeichnet die Naturheilkunde deine Haut auch als die „dritte Niere".

BADEOSMOSE – EFFEKTIV ENTLASTEN

Hierzu ein kleiner historischer Rückblick: Nutzten die Generationen vor uns noch basische Kernseife mit einem pH-Wert von 8,5 bis 9, blockiert die heutige moderne, saure Pflege eher das natürliche Entsäuern. Der Säureschutzmantel – ein Begriff, der 1928 erstmalig eingeführt wurde – hat mit einer normalen Hautbeschaffenheit, mit der du einmal zur Welt gekommen bist, tatsächlich nichts zu tun. Auf unzähligen Kosmetikartikeln im Handel kannst du zwar die Angabe „pH-neutral 5 bis 5,5" finden, ein Blick auf die pH-Wert-Skala (Seite 17) verrät dir jedoch, dass dieser Bereich nicht neutral ist, sondern im deutlich sauren Milieu liegt. Die Deutsche Gesellschaft für Basisches Leben e. V. (DGBL) spricht in diesem Zusammenhang von einer „Erfindung von Marketingstrategen" und von den Resten aus der Erdölraffination, die als billige Fette in vielen Kosmetika auftauchen. Dazu kommen oft synthetische Farb- und Konservierungsstoffe. Sie alle führen über eine Blockierung deiner natürlichen Hautatmung dazu, dass die Säurelast in deinem Körper immer weiter steigt. Um abgestoßene Schadstoffe und Säuren, die sich in der Hautoberfläche sammeln, sanft auszuleiten, brauchst du basische Substanzen, die wie ein Magnet zu einer Art Sogeffekt führen. Das Prinzip dabei ist der biochemische Prozess der Badeosmose: Dabei reagiert zum Beispiel während eines basischen Vollbads das basische Wasser mit deiner sauren Haut.

GESUNDE HAUT IST BASISCH

Bevor du das Licht der Welt erblickst, entwickelst du dich 9 Monate lang in einem basischen Milieu – dem Fruchtwasser deiner Mutter, das einen leicht basischen pH-Wert hat. Als Baby war deine Haut also basisch: Gesunde Haut hat einen Wert von circa pH 7,3 bis 7,5.

BRISANT: Die übersäuerten Lebensgewohnheiten unserer Leistungsgesellschaft haben ein als Säuremantel bekanntes Hautmilieu geschaffen, das alles andere als natürlich ist.

Die dann einsetzende Osmose zieht regelrecht saure, im Unterhautgewebe deponierte Schlacken an deine Hautoberfläche und das Badewasser nimmt die Säuremengen auf. So kann sich der pH-Wert während einer Badezeit von circa 1 Stunde im Vollbad auf etwa 7 einpendeln. Basische Badezusätze für deine wöchentliche Auszeit bekommst du etwa in Onlineshops oder auch in Naturkostläden. Ich nutze zum Beispiel ein basisches Edelsteinbad (Medizinprodukt), unter anderem mit kristallinem Steinsalz und natürlichen Mineralien aus Aquamarin, Bergkristall und Rosenquarz. Es sorgt für einen pH-Wert des Badewassers zwischen 8,5 und 9,5. Du solltest im basischen Edelsteinbad übrigens deine Haare hochbinden, für sie ist die Osmosewirkung nicht geeignet. Bewährt haben sich Basenbäder bei Cellulite, Verspannungen oder Muskelkater. Auch bei Hautkrankheiten wie Neurodermitis, Schuppenflechte oder Mykosen finden sie therapiebegleitend Anwendung.

BASISCHES VOLLBAD – LASS DIR ZEIT!

Basische Bäder sind äußerst effektiv. Je nachdem, wie hoch die Säurelast in deinem Körper ist, kann es sein, dass du zunächst vermehrt Pickelchen und Pusteln oder auch ein Jucken bemerken wirst. Das liegt daran, dass sich deine Haut allmählich darauf einstellen muss, jetzt quasi endlich einmal gründlich entmüllt zu werden. Du nimmst 3 Esslöffel Basenbad (z. B. von Michael Droste-Laux® oder MeineBase® von P. Jentschura) auf ein Vollbad und badest 30 bis 90 Minuten bei einer Wassertemperatur von 36 bis 37,5 Grad. Nach dem warmen Bad am besten nachruhen. Bei Bedarf kannst du das 1- bis 2-mal in der Woche machen. Zur Eingewöhnung eignen sich basische Fußbäder, bevor du dann nach circa einem Monat zu Vollbädern übergehst. Freu dich auf eine strahlend schöne Haut, die wieder richtig durchatmen kann!

BASISCHES FUSSBAD – WARM ODER KALT

Auch basische Fußbäder helfen dem Körper, sich überschüssiger Säuren zu entledigen – und sind ideal für den Einstieg in die basische Körperpflege. Du nimmst für eine Fußwanne 1 Esslöffel von deinem Basenbad und badest 30 bis 60 Minuten deine Füße darin. Das Bad kannst du 3- bis 5-mal pro Woche anwenden, es sorgt für sanfte Entsäuerung und entspannt nach einem stressigen Tag. Wenn du im Job viel stehen musst und abends das Gefühl hast, deine Füße brennen, kannst du gern in kühlem Fußwasser baden. Ein idealer Frischekick natürlich auch in den Sommermonaten. Bei trockenen oder angegriffenen Händen empfehlen sich außerdem Handbäder, dafür gibst du etwa 1 Teelöffel von deinem Basenbad in eine Schüssel Wasser. Auch hier gilt: Probieren geht über studieren, du wirst rasch herausfinden, welche der Körperanwendungen du nicht mehr missen möchtest.

FANCY FIT MIT BASENSTRÜMPFEN

Wenn du eher kein Badetyp bist, gibt es noch eine tolle Alternative: basische Strümpfe – das basische Fußbad zum Überstreifen. Das Handling ist denkbar einfach: Du nimmst 2 bis 3 Teelöffel von deinem Basenbadpulver, löst es in etwa 1 Liter körperwarmem Wasser auf und tränkst Baumwollsocken darin (am besten 100 Prozent Baumwolle). Bevor du die feuchten Strümpfe anziehst, wringst du sie gut aus. Ein Paar warme Wollsocken darüber – fertig. So kannst du entspannen oder dich gleich mit den Salzsocken ins Bett kuscheln. Wichtig: Bitte nach jeder Anwendung durchwaschen!

SCHLAF GUT!
DEIN LAND DER TRÄUME

Stress ist ein sehr ausdauernder Kollege, der leider nie müde wird, zu nerven. Auch nicht nachts. Aber da erzähle ich dir natürlich nichts Neues. Wenn du einfach nicht zur Ruhe kommst und hinter Schlafstörungen nahezu täglich ein Häkchen machen kannst, solltest du unbedingt gegensteuern. Die gute Nachricht: Schlafforscher haben herausgefunden, dass aktive Selbsthilfe zu 90 Prozent den Schlaf verbessert.

BITTE NICHT STÖREN!

Fehlender Schlaf raubt dir nicht nur Energie für den Tag, er stört auch die nächtliche Regenerationszeit, in der viele Säuren abgebaut werden. Oder anders gesagt: Wenn bei dir auch in der Nacht keine Ruhe einkehrt, bleibt einfach wahnsinnig viel Müll in deinem Körper liegen. Ja, ein Elefant braucht lediglich 2 bis 4 Stunden Schlaf (wie der Koloss das macht, ist mir ein Rätsel). Aber nein, dir reicht das nicht. Unsere menschliche Schlafdauer sollte etwa zwischen 7 und maximal 8 Stunden betragen. Anderenfalls erhöht sich das Risiko für metabolische Erkrankungen wie Adipositas, die krankhafte Fettleibigkeit, und Diabetes Typ 2, wie aktuelle Untersuchungen zeigen. Ist der natürliche Schlaf-Wach-Rhythmus gestört, sind darüber hinaus Bluthochdruck, Herz-Kreislauf- und Krebserkrankungen mögliche Folgen. Interessant: Nicht nur Kurzschläfer, auch wer zu lange schlummert, riskiert gesundheitliche Probleme. Studien zufolge gehen regelmäßig mehr als 8 Stunden Schlaf sogar zulasten der Lebensdauer.

TIEF ENTSPANNT MIT SHAVASANA

Schon regelmäßige Alltagsgewohnheiten wie feste Zubettgehzeiten und weniger hohe Erwartungen an sich selbst können guten Schlaf fördern – mit „Ich MUSS jetzt unbedingt einschlafen!“ hat noch keiner großen Erfolg gehabt. Ebenso empfehlenswert sind Atem- und Entspannungsübungen. Wer wach liegt und nicht wieder einschlafen kann, profitiert beispielsweise von einer klassischen Yoga-Tiefenentspannung. Konzentriere dich dazu bitte in Shavasana, der entspannten Rückenlage, für mindestens 15 Minuten auf den Atemfluss und seinen Weg durch deinen Körper. Sei achtsam auch für die Temperatur deiner Nasenflügel: Wie fühlt sich der Atem dort an? Durch das Ausblenden aller anderen Reize tritt eine angenehme Ruhe ein. Du kannst dir auch vorstellen, beim Einatmen Licht durch die Wirbelsäule von unten nach oben in deinen Körper zu fluten, und dabei tief in den Bauch einatmen. Mit dem Ausatmen strahlst du das helle Licht wieder nach außen ab. Auf diese Weise können sich körperliche und geistige Anspannungen lösen. Und morgen ist dann wieder ein neuer basenglücklicher Tag!

FANTASIEREISEN & MEDITATIONEN IM ALLTAG – BALSAM FÜR KÖRPER UND SEELE

Eine Reihe übender Verfahren kann dir dabei helfen, auch bei hoher Belastung und Stress im Alltag im Lot zu bleiben. Aus Sicht der Ganzheitsmedizin gelten Visualisierungsübungen – wie du es vielleicht gerade schon bei der Shavasana-Übung ausprobiert hast mit dem Licht, das du einatmest – als besonders wirkungsvoll. Du kannst auf diese Weise jederzeit im Alltag eine kleine Auszeit nehmen und mit deiner Fantasie auf Reisen gehen. Diese Vorgehensweise ist zudem gut dafür geeignet, neue gewünschte Verhaltensweisen zu integrieren. Beispiel: Male dir plastisch mit möglichst vielen Details aus, wie du es schaffst, endlich einmal Nein zu sagen zu jemandem, dem du bisher nichts abschlagen konntest – was dich aber stets unter Druck gesetzt hat.

Ebenso wie solche Fantasiereisen bieten auch Meditationen den Vorteil, überall und zu jeder Zeit – wann immer du es möchtest – kurz innehalten und Kraft schöpfen zu können. Meditation bedeutet: Du wendest dich ab von der Außenwelt hin zur Innerlichkeit mit dem Ziel, Gelassenheit sowie Vertrauen in dich selbst und die Zukunft zu gewinnen. Wer meditiert, sich beispielsweise 5 bis 10 Minuten in Stille mit sich und mit geschlossenen Augen ausschließlich auf den Satz: „Meine Gedanken sind frei" konzentriert, vergisst die Welt um sich herum. Tut das gut!

Mache dir bitte bewusst: Du bist der Chef deiner Gedanken – nicht umgekehrt. Natürlich kannst du dir auch einen anderen, individuell zu dir passenden Meditationssatz suchen, deinen persönlichen Rettungsring im Alltag. Du kannst dich mit ihm abwenden vom Lärm dieser Welt, wenn du es brauchst. Einfach einmal nur SEIN – ohne eine bestimmte Absicht, etwas zu tun oder tun zu müssen. Je öfter du das übst, desto achtsamer wirst du für dich und deine Bedürfnisse. Welch wohltuender Balsam für deinen Körper und für deine Seele!

REZEPTE
ZUM RUNDUM WOHLFÜHLEN

Hier findest du nährstoffreiche Rezeptideen zum Entsäuern und Entlasten – für einen optimalen Säure-Basen-Haushalt: Power-Starter zum Frühstück (ab Seite 66), frische Smoothies für den täglichen Energie-Kick (ab Seite 78), abwechslungsreiche Hauptgerichte mit Gemüse, Fleisch oder Fisch (ab Seite 86) sowie gesunde Snacks und Desserts (ab Seite 124). Nutze die Zeit bei Ofen-Gerichten und gönne dir derweil ein Basen-Fußbad (Seite 61) oder eine Mini-Meditation (Seite 63) – so kannst du vom stressigen Beruftsalltag abschalten und neue Kraft tanken. Aufwändigere Rezepte eignen sich prima für das Wochenende. Koch gleich mehrere Portionen und friere diese ein, so hast du schnell eine warme Mahlzeit! Bereite Getreide & Co. schon am Vorabend zu, dann geht's am nächsten Tag gleich viel schneller. Der Wochenplan in der Umschlagklappe hilft Dir dabei, dich gut zu organisieren!

- FRÜHSTÜCK
- SMOOTHIES
- HAUPTGERICHTE VEGETARISCH
- HAUPTGERICHTE FISCH
- HAUPTGERICHTE FLEISCH
- DESSERTS & SNACKS

10 MINUTEN ZUBEREITUNG + 90 MINUTEN BACKZEIT FÜR 1 BROT

MORGENSTUND'®-BROT
MIT KERNEN UND SAMEN

ZUTATEN

FÜR DAS BROT

500 g MorgenStund'® (Hirse-Buchweizen-Brei von P. Jentschura)

250 g Buchweizenmehl (oder Dinkelvollkornmehl)

1 ½ TL Weinsteinbackpulver

4 EL Kürbiskerne

4 EL Leinsamen

4 EL Sesam

2 EL Sonnenblumenkerne

1 EL Kräutermischung

1 TL Salz

AUSSERDEM

1 Kastenform (à 26 cm)

Fett für die Form

ZUBEREITUNG

1. Den Backofen auf 180 °C Ober-/Unterhitze (200 °C Umluft) vorheizen. Die Kastenform fetten.

2. Das MorgenStund'® mit Mehl und Backpulver vermengen. 1 l Wasser zufügen und alles mit einem Schneebesen zu einem Teig verrühren. Dann die restlichen Zutaten unterheben.

3. Den Teig in die Form füllen und im heißen Ofen (Mitte) ca. 90 Minuten backen. Das Brot aus dem Ofen nehmen, kurz in der Form abkühlen lassen, anschließend auf ein Kuchengitter stürzen und auskühlen lassen.

CHIA-PUDDING
MIT AMARANT

ZUTATEN

300 ml Mandeldrink
4 EL Chia-Samen
1 Banane
300 g gemischte Beeren
Honig zum Süßen (nach Belieben)
20 g Amarant-Pops
20 g geschälte Mandeln
Minzeblättchen (nach Belieben)

ZUBEREITUNG

1. Den Mandeldrink auf 2 Gläser oder Schälchen verteilen. Je 2 EL Chia-Samen unterrühren und im Kühlschrank über Nacht quellen lassen. Anfangs nach 15 und 30 Minuten umrühren, damit sich keine Klümpchen bilden.

2. Am nächsten Tag die Banane schälen. Die Beeren waschen und trocken tupfen. 200 g Beeren mit der Banane pürieren. Nach Belieben mit Honig süßen.

3. Erst Amarant, dann Beerencreme auf dem Pudding verteilen. Obenauf die restlichen Beeren geben. Mit Mandeln und Minze nach Belieben bestreuen und servieren.

30 MINUTEN 2 PERSONEN

AMARANT-PORRIDGE
MIT BEEREN

ZUTATEN

120 g Amarant
350 ml Haferdrink
Salz
250 g gemischte Beeren
20 g Mandeln
2 TL Tahin (Sesammus)
Honig zum Süßen (nach Belieben)
Minzeblättchen (nach Belieben)

ZUBEREITUNG

1. Den Amarant unter fließendem heißem Wasser abspülen. Mit Haferdrink und 1 Prise Salz in einem großen Topf aufkochen und ca. 30 Minuten köcheln lassen. Dabei immer wieder umrühren.

2. Inzwischen die Beeren waschen und trocken tupfen. Die Mandeln grob hacken.

3. Den Amarant-Porridge mit Tahin verrühren und nach Belieben mit Honig süßen. Auf zwei Schalen aufteilen. Mit Beeren, Mandeln und Minzeblättchen nach Belieben bestreuen.

15 MINUTEN ZUBEREITUNG + QUELLEN ÜBER NACHT 2 PERSONEN

VEGANER JOGHURT
MIT BEEREN UND ZIMT

ZUTATEN

80 g geschälte Mandeln

80 g Cashewkerne

4 Datteln

1 TL gemahlener Zimt

ca. 100 ml Mandeldrink

1 Handvoll Beeren (z. B. Erdbeeren, Heidelbeeren oder Johannisbeeren)

10 frische Minzeblätter

ZUBEREITUNG

1. Die Mandeln und Cashewkerne in eine Schüssel geben, mit kaltem Wasser bedecken und über Nacht einweichen.

2. Am nächsten Morgen das Wasser abgießen, die Mandeln und Cashewkerne in einen Mixer geben. Die Datteln entsteinen. Datteln, Zimt und Mandeldrink dazugeben und alles gut durchmixen, bis eine cremige Konsistenz entsteht. Je nach gewünschter Konsistenz noch etwas Mandeldrink dazugießen und erneut mixen.

3. Die Beeren waschen, trocken tupfen und verlesen. Die Minzeblätter waschen und trocken schütteln. Den Cashew-Mandel-Joghurt in Schalen anrichten und mit den Beeren und Minzeblättern garnieren.

15 MINUTEN ZUBEREITUNG + QUELLEN ÜBER NACHT | 2 PERSONEN

BUCHWEIZEN-PORRIDGE
MIT GOJI-BEEREN

ZUTATEN

120 g Buchweizen
1 reife Banane
50 ml Kokosmilch (Dose)
1 EL Chia-Samen + etwas zum Garnieren (nach Belieben)
100 g Heidelbeeren
1 EL Goji-Beeren
Minzeblätter (nach Belieben)

ZUBEREITUNG

1. Den Buchweizen in eine Schüssel geben, mit kaltem Wasser bedecken und über Nacht einweichen.

2. Am nächsten Morgen das Wasser abgießen und den Buchweizen in einem Sieb mit kaltem Wasser abspülen und abtropfen lassen. Die Banane schälen, mit einer Gabel zerdrücken und unter den Buchweizen mischen. Die Kokosmilch und 1 EL Chia-Samen dazugeben und alles gut verrühren.

3. Die Heidelbeeren verlesen, eventuell waschen, abtropfen lassen und abwechselnd mit der Buchweizenmischung in zwei Gläser schichten. Mit Chia-Samen, Goji-Beeren und Minze nach Belieben garnieren und servieren.

20 MINUTEN 2 PERSONEN

POWER-PUDDING
MIT QUINOA UND ORANGEN

ZUTATEN

300 ml Haferdrink
100 g Quinoa
2 Orangen
2 EL gehackte Walnusskerne
gemahlener Zimt

ZUBEREITUNG

1. Den Haferdrink zusammen mit der Quinoa zum Kochen bringen und 15 Minuten bei reduzierter Hitze köcheln lassen.

2. Inzwischen die Orangen filetieren. Dafür die Schale rundherum in Streifen abschälen, danach die einzelnen Orangenfilets an den weißen Trennhäuten entlang mit einem Messer herauslösen. Den Saft dabei auffangen.

3. Den Quinoa-Pudding auf zwei Schälchen verteilen und die Orangenfilets daraufgeben. Zum Schluss die Walnusskerne daraufstreuen und nach Belieben mit Zimt bestäuben und mit Orangensaft beträufeln.

10 MINUTEN ZUBEREITUNG + GEFRIEREN ÜBER NACHT   2 PERSONEN

ENERGIE-SMOOTHIE
MIT VANILLE UND MORINGA

ZUTATEN

2 Bananen
1 Vanilleschote
300 ml Mandeldrink
1–2 EL Moringapulver
1 EL Kokosblütensirup

ZUBEREITUNG

1. Die Bananen schälen, in eine Tupperdose geben oder in Frischhaltefolie wickeln und über Nacht in den Gefrierschrank legen.

2. Am nächsten Tag die Vanilleschote längs aufschneiden und das Mark mit einem Messer herauskratzen. Vanillemark, gefrorene Bananenscheiben, Mandeldrink, Moringapulver und Kokosblütensirup in einen Mixer geben und etwa 45 Sekunden pürieren. Je nach gewünschter Konsistenz noch etwas Wasser hinzufügen und untermixen.

TIPP

Alternativ zum Vanillemark gibt es kleine Vanillemühlen zu kaufen, die granulierte Vanilleschoten enthalten. Diese werden dann bei Bedarf frisch gemahlen.

10 MINUTEN 1–2 PERSONEN

GREEN SMOOTHIE
MIT BRENNNESSEL

ZUTATEN

1 Handvoll (etwa 20–30 g) Brennnesselblätter (auch mit Samen)

3 Pfirsiche

8 frische Aprikosen (alternativ getrocknete)

1 EL Avocado (siehe Tipp)

1 TL Spirulinapulver

ZUBEREITUNG

1. Die Brennnesselblätter waschen und trocken schleudern (am besten Handschuhe dabei tragen). Die Pfirsiche und die Aprikosen waschen, halbieren, den Stein entfernen und das Fruchtfleisch klein schneiden.

2. Alle Zutaten mit 200 ml Wasser im Mixer fein pürieren und sofort servieren.

TIPP

So hast du immer eine Portion Avocado für einen Green Smoothie parat: Die Avocado halbieren und vom Kern befreien, die Hälften mit Zitronensaft beträufeln und in kleine Portionen à 1 EL einfrieren, z. B. im Gefrierbeutel oder in der Eiswürfelform. Die Avocado hält sich im Gefrierfach bis zu 8 Monate.

10 MINUTEN 2 PERSONEN

DETOX-SHOT
MIT LÖWENZAHN

ZUTATEN

200 g Himbeeren
4–5 Datteln
5 g Minzeblätter
1 halbe Handvoll (etwa 20 g) Löwenzahn
geschälte Hanfsamen (nach Belieben)

ZUBEREITUNG

1. Die Himbeeren waschen und trocken tupfen. Die Datteln halbieren, entsteinen und klein schneiden. Die Minze und Löwenzahnblätter waschen und trocken schütteln.

2. Alle Zutaten mit 150 ml Wasser im Mixer fein pürieren. Den Smoothie auf 2 Gläser verteilen und nach Belieben mit Hanfsamen bestreuen.

TIPP

Beim Selberpflücken am besten nur kleine bis mittelgroße Löwenzahnblätter verwenden: Diese sind jünger und gehaltvoller.

10 MINUTEN 1–2 PERSONEN

GURKEN-SMOOTHIE MIT MANGO

ZUTATEN

80 g Gurke

40 g Staudensellerie (mit Blättern)

15 g Petersilie

2 g frischer Ingwer

1 Stück Bio-Zitrone (10 g, mit Schale)

150 g Mango

1 TL Olivenöl

4 Eiswürfel

ZUBEREITUNG

1. Die Gurke waschen und halbieren. Die Kerne mithilfe eines Löffels herauskratzen, die Gurke klein schneiden. Den Staudensellerie waschen, die Blätter abzupfen und trocken schütteln. Die Stangen klein schneiden. Die Petersilie waschen und trocken schütteln. Den Ingwer schälen. Die Zitrone heiß abspülen. Die Mango schälen und das Fruchtfleisch vom Kern schneiden.

2. Alle Zutaten mit 140 ml Wasser im Mixer fein pürieren und sofort servieren.

40 MINUTEN

CA. 20 BRATLINGE

VEGGIE-BRATLINGE
MIT TOMATENSAUCE

ZUTATEN

FÜR DIE BRATLINGE

- 260 ml Gemüsebrühe
- 100 g TischleinDeckDich® (Quinoa-Hirse-Mahlzeit von P. Jentschura)
- 1 kleine rote Zwiebel
- 200 g Feta
- 12 schwarze Oliven (ohne Stein)
- 1 Ei
- 4 EL Kleinblatt-Haferflocken (nach Bedarf etwas mehr)
- 2 EL Sesam
- 1 EL Kürbiskerne

FÜR DIE TOMATENSAUCE

- 1 kleine Knoblauchzehe
- 1 EL Olivenöl
- 1 Dose stückige Tomaten (400 g Füllgewicht)
- 1 TL Agavendicksaft
- 1 TL Aceto balsamico
- 4 Stängel Petersilie
- Salz, Pfeffer

AUSSERDEM

- Bratöl
- 100 g gehobelter Parmesan

ZUBEREITUNG

1. Die Gemüsebrühe aufkochen, TischleinDeckDich® einrühren und 5 Minuten zugedeckt quellen lassen.
2. Für die Tomatensauce den Knoblauch schälen und fein hacken. Das Olivenöl in einem Topf erhitzen und den Knoblauch darin andünsten. Die Tomaten dazugeben und mit Agavendicksaft und Essig würzen. 20–30 Minuten köcheln lassen.
3. Inzwischen für die Bratlinge die Zwiebel schälen und fein hacken. Den Feta klein würfeln. Die Oliven vierteln. Alles in eine Schüssel geben. Die restlichen Zutaten und das TischleinDeckDich® zufügen und alles zu einer Masse verarbeiten. Wenn die Masse zu feucht ist, mehr Haferflocken bis zur gewünschten Konsistenz zugeben. Der Teig sollte mit den Händen gut formbar sein. Die Masse mit feuchten Händen zu ca. 20 flachen Bratlingen formen.
4. Bratöl in der Pfanne erhitzen und die Bratlinge portionsweise von beiden Seiten goldbraun anbraten. Die Hitze reduzieren und die Bratlinge braten, bis sie innen gar sind.
5. Die Petersilie waschen, trocken schütteln und fein hacken. Zur Tomatensauce geben, mit Salz und Pfeffer abschmecken. Die Bratlinge mit der Tomatensauce und gehobeltem Parmesan servieren.

40 MINUTEN 4 PERSONEN

RAINBOW-BOWL
MIT ERDNUSSSAUCE

ZUTATEN

FÜR DIE BOWL

- 4 Frühlingszwiebeln
- 3 Knoblauchzehen
- 1 Stück frischer Ingwer (ca. 2 cm)
- 100 g Zuckerschoten
- 100 g Möhren
- 200 g Rotkohl
- ½ Bund Koriandergrün (alternativ Petersilie)
- 1 EL Olivenöl
- 1 ½ TL Salz
- 1 ½ TL Pfeffer
- 800 ml Gemüsebrühe
- 100 g TK-Erbsen
- 150 g TischleinDeckDich® (Quinoa-Hirse-Mahlzeit von P. Jentschura)
- 1 Handvoll Cashewkerne

FÜR DIE SAUCE

- 65 g Erdnussmus
- 1 EL Sojasauce
- 2 EL Apfelessig
- 1 EL Agavendicksaft
- 1 TL Sesamöl
- ½ TL Chiliflocken

ZUBEREITUNG

1. Die Frühlingszwiebeln putzen, waschen und in Ringe schneiden. Den Knoblauch und den Ingwer schälen und fein hacken. Die Zuckerschoten waschen und halbieren. Die Möhren schälen, halbieren und in dünne Streifen schneiden. Den Rotkohl vom Strunk befreien und ebenfalls in feine Streifen schneiden. Koriandergrün waschen, trocken schütteln und fein hacken.

2. Das Olivenöl in einem Topf erhitzen und Frühlingszwiebeln, Knoblauch und Ingwer andünsten. Zuckerschoten, Möhren und Rotkohl dazugeben und kurz anbraten. Mit Salz und Pfeffer würzen. Die Gemüsebrühe zugießen und abgedeckt 15–20 Minuten köcheln lassen. 5 Minuten vor Ende der Kochzeit die Erbsen und das TischleinDeckDich® hinzugeben.

3. Für die Sauce alle Zutaten mit 3 EL Wasser vermischen. Die Bowl auf 4 Teller verteilen, die Sauce darüberträufeln und alles mit Koriandergrün und Cashewkernen bestreuen.

45 MINUTEN 4 PERSONEN

KOHLROULADEN
MIT QUINOA-HIRSE-FÜLLUNG

ZUTATEN

FÜR DIE ROULADEN

700 ml Gemüsebrühe

200 g TischleinDeckDich®
(Quinoa-Hirse-Mahlzeit
von P. Jentschura)

1 kleiner Weißkohl

8 getrocknete Tomaten

1 Bund glatte Petersilie

2 EL Kräuterfrischkäse (alternativ vegetarischer Brotaufstrich)

Tomatenmark

Salz, Pfeffer

FÜR DAS GEMÜSE

5 Zwiebeln

1 Knoblauchzehe

1 Paprika

1 EL Butter

100 ml Rotwein (alternativ Gemüsebrühe)

50 g Sahne

AUSSERDEM

Zahnstocher

ZUBEREITUNG

1. Für die Rouladen die Gemüsebrühe aufkochen, TischleinDeckDich® einrühren und abkühlen lassen.

2. Inzwischen den Kohl putzen, waschen und den Strunk keilförmig herausschneiden. Die äußeren 8 Blätter ablösen (restlichen Kohl anderweitig verwenden) und in kochendem Wasser 1–2 Minuten blanchieren. Anschließend mit einer Schaumkelle herausheben und gut abtropfen lassen.

3. Für die Rouladenfüllung die getrockneten Tomaten klein schneiden. Die Petersilie waschen, trocken schütteln und fein hacken. Tomaten, Petersilie, Frischkäse und TischleinDeckDich® gut vermischen. Mit Tomatenmark, Salz und Pfeffer abschmecken. Die Masse achteln und zu länglichen Bratlingen formen. Je einen Bratling auf die Kohlblätter geben, zu einer Roulade aufwickeln und mit Zahnstochern fixieren.

4. Für das Gemüse die Zwiebeln und den Knoblauch schälen, Zwiebel in Ringe schneiden und Knoblauch fein hacken. Die Paprika halbieren, putzen, waschen und in Streifen schneiden.

5. In einer großen Pfanne die Butter erhitzen und die Rouladen rundherum anbraten, bis sie braun sind. Zwiebeln, Knoblauch und Paprika hinzugeben und ebenfalls anbraten. Rotwein und Sahne zugießen und weitere 10 Minuten köcheln lassen. Auf 4 Teller verteilen und servieren.

45 MINUTEN 2 PERSONEN

QUINOA-HIRSE-NOCKEN

MIT RUCOLA-ZIEGENKÄSE-SALAT

ZUTATEN

FÜR DEN SALAT

80 g Belugalinsen
80 g Rucola
120 g Erdbeeren
1 Rolle Ziegenweichkäse (z. B. Ziegen-Camembert)
1 EL Honig

FÜR DIE NOCKEN

320 ml Gemüsebrühe
80 g TischleinDeckDich® (Quinoa-Hirse-Mahlzeit von P. Jentschura)

FÜR DAS DRESSING

2 EL Olivenöl
2 EL Aceto balsamico
2 TL Dijonsenf
Salz, Pfeffer
Ahornsirup

ZUBEREITUNG

1. Für den Salat die Belugalinsen in Salzwasser nach Packungsanleitung ca. 20 Minuten kochen, abgießen und abkühlen lassen.
2. Für die Nocken die Gemüsebrühe aufkochen, TischleinDeckDich® einrühren und zugedeckt 5 Minuten quellen lassen.
3. Inzwischen den Rucola waschen, trocken schütteln und klein zupfen. Die Erdbeeren putzen, waschen, trocken tupfen und halbieren. Rucola und Erdbeeren mit Linsen vermischen und auf 2 Teller verteilen.
4. Aus dem TischleinDeckDich® mit zwei Löffeln oder feuchten Händen Nocken formen und je 2–3 davon auf dem Salat anrichten.
5. Für das Dressing Öl, Essig und Senf verquirlen. Mit Salz, Pfeffer und Ahornsirup abschmecken.
6. Den Ziegenkäse in 6–8 Scheiben (ca. 1 cm dick) schneiden. In einer Pfanne den Honig erwärmen und die Scheiben bei mittlerer Hitze von beiden Seiten je 30 Sekunden anbraten. Auf den Salat geben und den Salat mit dem Dressing beträufeln.

TIPP

Um eine optimale Konsistenz der Nocken zu erhalten, geben Sie die Gemüsebrühe nach und nach zum TischleinDeckDich®.

35 MINUTEN ZUBEREITUNG + 20 MINUTEN BACKZEIT | 4 PERSONEN

ORIENT-SPINATSALAT
MIT HALLOUMI

ZUTATEN

FÜR DEN SALAT

- 1 Knoblauchzehe
- 2–3 EL Sojasauce
- 2 Halloumi (à ca. 200 g)
- 2 große Süßkartoffeln
- 5 EL Olivenöl
- 1 TL edelsüßes Paprikapulver
- Salz, Pfeffer
- 600 ml Gemüsebrühe
- 150 g TischleinDeckDich® (Quinoa-Hirse-Mahlzeit von P. Jentschura)
- 1 Handvoll Walnusskerne
- 1 Apfel
- 1 TL Zitronensaft
- ½ Granatapfel
- 100 g Baby-Spinat

FÜR DAS DRESSING

- 4 EL Olivenöl
- 2 EL Honig
- 2 EL körniger Dijonsenf
- 2 EL Aceto balsamico
- 1 TL Zitronensaft
- Salz, Pfeffer

ZUBEREITUNG

1. Den Backofen auf 190 °C (Umluft) vorheizen und ein Backblech mit Backpapier auslegen. Die Knoblauchzehe schälen und fein hacken. Mit der Sojasauce in einer Schale mischen. Den Halloumi in ca. 2 cm dicke Streifen schneiden und 20–30 Minuten in der Marinade ziehen lassen.

2. Inzwischen die Süßkartoffeln gründlich waschen und in kleine Spalten schneiden. Mit 4 EL Öl und Paprikapulver vermengen, salzen und pfeffern. Die Süßkartoffeln auf dem Backblech verteilen und im heißen Ofen (Mitte) ca. 20 Minuten backen.

3. Die Gemüsebrühe aufkochen, TischleinDeckDich® einrühren und abgedeckt ca. 5 Min. quellen lassen. Die Walnusskerne grob zerkleinern. In einer beschichteten Pfanne ohne Fett kurz anrösten. Den Apfel waschen, vierteln, entkernen und in feine Spalten schneiden. Mit Zitronensaft beträufeln. Den Granatapfel entkernen (siehe Tipp). Den Spinat waschen und trocken schütteln.

4. Für das Dressing alle Zutaten mit 2 EL Wasser verquirlen und mit Salz und Pfeffer abschmecken. Den Halloumi aus der Marinade nehmen, abtropfen lassen. Das restliche Öl in einer Pfanne erhitzen und den Halloumi rundherum anbraten.

5. Spinat, TischleinDeckDich®, Apfel, Walnusskerne und Süßkartoffeln in eine Schüssel geben und mit dem Dressing vermischen. Den Halloumi daraufgeben und mit den Granatapfelkernen bestreuen.

TIPP

Das Entkernen von Granatäpfeln kann rote Flecken in der Küche und auf der Kleidung hinterlassen. Dagegen hilft eine große Schüssel mit Wasser, in der der halbierte Granatapfel unter Wasser mit den Händen entkernt werden kann. Dann das Wasser durch ein Sieb abgießen.

40 MINUTEN 2 PERSONEN

BUNTE HIRSE-PFANNE
MIT ROSENKOHL UND TOFU

ZUTATEN

500 g Rosenkohl
Salz
80 g Hirse
300 ml Gemüsebrühe
160 g Räuchertofu
40 g getrocknete Tomaten (in Öl)
2 EL Rapsöl
Pfeffer

ZUBEREITUNG

1. Den Rosenkohl waschen, den Strunk kreuzweise einschneiden und den Kohl in leicht gesalzenem Wasser etwa 15 Minuten garen.

2. Inzwischen die Hirse in der Brühe zum Kochen bringen und nach Packungsanleitung quellen lassen.

3. Den Räuchertofu in feine Würfel schneiden. Die eingelegten Tomaten abtropfen lassen und in Streifen schneiden.

4. Den Rosenkohl abgießen und die Röschen halbieren. Das Öl in einer Pfanne erhitzen, den Rosenkohl darin anbraten. Dann die Tofuwürfel zugeben und ebenfalls anbraten. Die Tomatenstreifen und die Hirse unterrühren. Mit Salz und Pfeffer abschmecken. Auf 2 Teller verteilen und genießen.

30 MINUTEN 2 PERSONEN

STADTGARTEN-SALAT
MIT PUMPERNICKEL-BRÖSEL

ZUTATEN

FÜR DEN SALAT

50 g Pumpernickel

2 EL gehackte Mandeln

250 g kleine weiße Rübchen (z. B. Frühlings-Navetten)

1 EL Olivenöl

Salz, Pfeffer

100 g gemischte Bio-Wildkräuter (Schafgarbe, Giersch, Löwenzahn, Sauerampfer)

3 EL Walnussöl

2 EL Himbeeressig

AUSSERDEM

essbare Blüten (z. B. Kapuzinerkresseblüten) zum Garnieren

ZUBEREITUNG

1. Den Pumpernickel grob bis fein zerbröseln. Mit den Mandeln in einer beschichteten heißen Pfanne etwa 2 Minuten unter Schwenken leicht rösten. Auf einen Teller geben und abkühlen lassen.

2. Die Rübchen waschen, schälen, zuerst in Scheiben und dann in Stäbchen schneiden. Das Olivenöl in einer beschichteten Pfanne erhitzen und darin die Rübchen von allen Seiten ca. 5 Minuten dünsten. Mit Salz und Pfeffer würzen.

3. Die Wildkräuter verlesen, waschen, trocken schütteln und etwas kleiner zupfen. Walnussöl mit Himbeeressig verrühren und mit den Wildkräutern vermengen. Mit Salz und Pfeffer abschmecken.

4. Den Salat großflächig auf 2 Teller verteilen und mit den Rübchen hübsch anrichten. Die Pumpernickel-Mandel-Brösel darüberstreuen. Nach Belieben mit essbaren Blüten dekorieren.

VARIANTE

Die weißen Rüben, ob Mairüben oder Teltower Rübchen, schälen und als Rohkost fein reiben. Wer keine Rübchen zur Verfügung hat, kann auch Kohlrabi oder fein geraspelten Rettich verwenden.

30 MINUTEN 4 PERSONEN

BUCHWEIZENSALAT
MIT ZIEGENFRISCHKÄSE

ZUTATEN

FÜR DEN SALAT

150 g Buchweizen
Salz
300 g Topinambur
1 EL Zitronensaft
125 g Rucola
120 g Heidelbeeren
100 g Ziegenfrischkäserolle
4 Stängel Minze

FÜR DIE VINAIGRETTE

1 Orange
6 EL Olivenöl
3 EL Apfelessig
Salz, Pfeffer

ZUBEREITUNG

1. Den Buchweizen in einem Sieb unter fließend kaltem Wasser abspülen. In reichlich kochendem Salzwasser zugedeckt bei niedriger Hitze etwa 20 Minuten köcheln lassen. Den Buchweizen in ein Sieb abgießen und abtropfen lassen.

2. Inzwischen die Topinambur schälen und in dünne Scheiben schneiden oder hobeln, sofort mit Zitronensaft beträufeln. Den Rucola gründlich waschen, trocken schütteln und in mundgerechte Stücke zupfen. Die Heidelbeeren waschen und vorsichtig trocken tupfen. Die Ziegenkäserolle in Scheiben schneiden. Die Minze waschen und trocken schütteln. Die Blätter abzupfen und in Streifen scheiden.

3. Für die Vinaigrette die Orange halbieren und auspressen. Saft, Öl, Essig, Salz und Pfeffer verquirlen.

4. Den Buchweizen in einer Schüssel mit Topinambur, Rucola, Heidelbeeren und Vinaigrette vorsichtig vermischen. Den Buchweizensalat auf 4 Teller verteilen. Die Ziegenkäsescheiben darauf anrichten und, mit Minze bestreut, servieren.

INFO

Topinambur ist eine alte Gemüsesorte, die wiederentdeckt wurde. Der Geschmack erinnert an Artischocken. Topinambur kann gekocht oder roh gegessen werden.

40 MINUTEN 4 PERSONEN

KICHERERBSEN-CURRY
MIT ERBSEN UND BROKKOLI

ZUTATEN

- 1 Zwiebel
- 1 Knoblauchzehe
- 500 g mehlig kochende Kartoffeln
- 1 Brokkoli (ca. 400 g)
- 250 g Kichererbsen (Dose)
- 1 EL Rapsöl
- 1 TL gemahlener Koriander
- 1 TL rote Currypaste
- 1 Dose Kokosmilch (400 ml Füllgewicht)
- 400 ml Gemüsebrühe
- 100 g TK-Erbsen
- Salz, Pfeffer
- ½ Bund Koriandergrün
- 4 Stiele Minze

ZUBEREITUNG

1. Zwiebel und Knoblauchzehe schälen und fein hacken. Die Kartoffeln schälen und in ca. 3 cm große Würfel schneiden. Den Brokkoli waschen, putzen und in kleine Röschen teilen. Die Kichererbsen in einem Sieb abspülen und abtropfen lassen.

2. In einem großen Topf das Öl erhitzen und Zwiebel und Knoblauch darin glasig anschwitzen. Gemahlenen Koriander und Currypaste zugeben und kurz anrösten. Die Kokosmilch dazugeben und die Brühe angießen. Die Kartoffeln zufügen, aufkochen und bei mittlerer Hitze 15 Minuten köcheln lassen.

3. Brokkoli, Kichererbsen und grüne Erbsen zum Curry geben und weitere 5 Minuten köcheln lassen. Mit Salz und Pfeffer würzen.

4. Die Kräuter waschen, trocken schütteln, klein hacken und das Curry damit bestreuen.

40 MINUTEN 2 PERSONEN

ROTE-LINSEN-SUPPE
MIT APFEL UND LAUCH

ZUTATEN

1 große Möhre
100 g Lauch
½ säuerlicher Apfel (z. B. Boskop)
1 EL Rapsöl
50 g rote Linsen
1 TL Currypulver
Salz
frische Kräuter zum Garnieren (z. B. Koriander oder Petersilie)

ZUBEREITUNG

1. Die Möhre waschen, schälen und in ½ cm große Würfel schneiden. Lauch längs halbieren, gründlich waschen und in feine Streifen schneiden. Den Apfel waschen, vierteln, entkernen und klein würfeln.

2. Das Öl in einem Topf erhitzen, Lauch und Möhre 2 Minuten darin andünsten, dann Apfel und Linsen hinzufügen. Alles mit Currypulver würzen und kurz ziehen lassen. Dann mit 300 ml Wasser aufgießen und salzen. Zugedeckt bei mittlerer Hitze ca. 25 Minuten kochen, bis die Linsen und das Gemüse weich sind. Bei Bedarf etwas Wasser nachgießen.

3. Auf 2 Schalen verteilen und nach Belieben mit frischen Kräutern servieren.

FRÜHLINGS-BOWL
MIT POCHIERTEM EI

ZUTATEN

300 g grüner Spargel

3 EL Olivenöl

abgeriebene Schale von ⅓ Bio-Zitrone

Salz, Pfeffer

150 g rote Quinoa

1 Handvoll Postelein (Portulak oder Tellerkraut)

8 Radieschen

3 Frühlingszwiebeln

200 g Erbsen (frisch oder TK)

100 ml Gemüsebrühe

1 Stiel Estragon

1–2 Spritzer Zitronensaft

1 EL Apfelessig

2 frische Eier (Größe M)

ZUBEREITUNG

1. Den Backofen auf 200 °C Ober-/Unterhitze (Umluft 180 °C) vorheizen. Den Spargel waschen, von holzigen Enden befreien und nebeneinander auf Alufolie legen. 2 EL Öl, Zitronenabrieb, Salz und Pfeffer darübergeben. Die Alufolie zu einem Päckchen verschließen und den Spargel im heißen Ofen (Mitte) ca. 30 Minuten garen.

2. Inzwischen die Quinoa mit kochend heißem Wasser abbrausen. 300 ml Wasser aufkochen, salzen, Quinoa hineingeben und zugedeckt 25 Minuten bei schwacher Hitze garen. Postelein waschen, verlesen und trocken schleudern. Radieschen putzen, waschen und in feine Scheiben schneiden.

3. Die Frühlingszwiebeln putzen, waschen, grüne und weiße Teile getrennt in Ringe schneiden. Weiße Ringe im restlichen Öl anbraten. Die Erbsen zugeben, Brühe angießen, salzen und pfeffern. Zugedeckt 20 Minuten garen. Estragon waschen, trocken schütteln, hacken und am Ende mit dem Zwiebelgrün unter die Erbsen rühren. Mit Zitronensaft abschmecken.

4. In einem Topf 1,5 l Wasser mit Essig aufkochen. Je 1 Ei aufschlagen und in eine Tasse geben. Hitze reduzieren, die Eier nacheinander in das simmernde Wasser gleiten lassen. Bei schwacher Hitze 4–5 Minuten garen. Mit einem Schaumlöffel herausheben.

5. Quinoa auf 2 Schalen verteilen. Spargel samt Garsud, Gemüse, Postelein, Radieschen und Eiern daraufgeben. Salzen, pfeffern und servieren.

20 MINUTEN ZUBEREITUNG + 40 MINUTEN BACKZEIT | 2 PERSONEN

GEFÜLLTE PAPRIKA
MIT HIRSE-TOMATEN-MIX

ZUTATEN

80 g Hirse
Salz
2 große gelbe Paprika
300 g Tomaten
150 g Feta
2 EL gehackte glatte Petersilie
1 TL Garam Masala
Pfeffer

AUSSERDEM

1 kleine Auflaufform
Öl für die Form

ZUBEREITUNG

1. Den Backofen auf 200 °C (Ober-/Unterhitze) vorheizen. Eine Auflaufform mit etwas Öl einfetten. Inzwischen die Hirse in 300 ml gesalzenem Wasser zum Kochen bringen und nach Packungsanleitung quellen lassen.

2. Die Paprika waschen, am Stielende einen kleinen Deckel abschneiden. Die Trennwände entfernen und nochmals waschen. Die Tomaten waschen, halbieren, den Stielansatz entfernen und die Hälften würfeln. Den Feta zerbröseln.

3. Die Hirse mit den Tomatenwürfeln, gehackter Petersilie und Feta mischen. Mit Garam Masala, Salz und Pfeffer würzen.

4. Die Paprika in die Auflaufform setzen und mit der Hirse-Tomaten-Masse füllen. Im heißen Ofen (Mitte) ca. 40 Minuten backen.

35 MINUTEN 4 PERSONEN

QUINOA-RUCOLA-SALAT
MIT MARINIERTEM TOFU

ZUTATEN

FÜR DEN TOFU

400 g Tofu
1 Knoblauchzehe
1 TL gemahlener Kreuzkümmel
½ TL Cayennepfeffer
½ TL edelsüßes Paprikapulver
2 EL gehackte Petersilie
Saft von ½ Zitrone
4 EL Olivenöl
Salz, Pfeffer

FÜR DEN SALAT

200 g Quinoa
Salz
2 Orangen
150 g Rucola
1 EL Olivenöl
3 EL Apfelessig
Pfeffer
2 EL Sesam

ZUBEREITUNG

1. Den Tofu trocken tupfen und in ca. 2 cm große Würfel schneiden. Für die Marinade den Knoblauch schälen und grob hacken. Knoblauch, Gewürze und Kräuter in einem Mixer gut vermengen. Zitronensaft und Öl unterrühren, bis eine grobe Paste entsteht, und mit Salz und Pfeffer abschmecken. Die Tofuwürfel in die Marinade legen, gut vermischen und abgedeckt 20 Minuten ziehen lassen.

2. In der Zwischenzeit für den Salat die Quinoa in einem Sieb unter fließend heißem Wasser abspülen. Mit 500 ml Salzwasser zum Kochen bringen und 20 Minuten zugedeckt bei schwacher Hitze köcheln lassen. Anschließend 5 Minuten quellen lassen.

3. Die Orangen schälen und filetieren, den Saft dabei auffangen und restlichen Saft auspressen. Den Rucola waschen, trocken schütteln und grob zerkleinern. Orangensaft, Öl und Essig verquirlen, mit Salz und Pfeffer würzen. Quinoa, Orangenfilets und Dressing vorsichtig vermischen und in einer Servierschüssel anrichten.

4. Den Tofu aus der Marinade nehmen und in einer beschichteten Pfanne rundum in 4–6 Minuten knusprig anbraten. Den Tofu auf den Salat geben und, mit Sesam bestreut, servieren.

TIPP

Statt Rucola passt auch Grünkohl sehr gut.

40 MINUTEN · 4 ECKIGE WAFFELN BZW. 6 RUNDE WAFFELN

HERZHAFTE WAFFELN
MIT SPIEGELEI UND LACHS

ZUTATEN

FÜR DEN WAFFELTEIG

- 60 ml Gemüsebrühe
- 15 g TischleinDeckDich® (Quinoa-Hirse-Mahlzeit von P. Jentschura)
- 150 g Möhren
- 1 kleine Zucchini (ca. 250 g)
- 2 Frühlingszwiebeln
- 1 Knoblauchzehe
- ½ Bund Schnittlauch
- 3 Eier
- 80 g Dinkelvollkornmehl
- 150 g Soja-Joghurtalternative
- 1 EL Tomatenmark
- Salz, Pfeffer

FÜR DEN KRÄUTERQUARK

- 250 g Magerquark
- 2 EL Leinöl
- Salz, Pfeffer
- gemischte Kräuter (frisch oder TK)

AUSSERDEM

- 1 Packung Räucherlachs (100 g)
- 4–6 Spiegeleier
- Bratöl oder Butter zum Einfetten des Waffeleisens

ZUBEREITUNG

1. Für den Waffelteig die Gemüsebrühe aufkochen, TischleinDeckDich® einrühren und zugedeckt 5 Minuten quellen lassen. Die Möhren schälen und die Zucchini waschen und putzen. Das Gemüse raspeln. Die Frühlingszwiebeln putzen, waschen und klein schneiden. Die Knoblauchzehe schälen und fein hacken. Den Schnittlauch waschen, trocken schütteln und in Röllchen schneiden.

2. Die restlichen Zutaten mit 50 ml Wasser zu einem Waffelteig verarbeiten. TischleinDeckDich® und das Gemüse unterheben. Den Teig mit Salz und Pfeffer abschmecken.

3. Für den Kräuterquark den Magerquark mit Öl verrühren und mit Salz und Pfeffer abschmecken. Die frischen Kräuter waschen, trocken schütteln, fein hacken und unterrühren.

4. Das Waffeleisen erhitzen und fetten. 2–3 EL Teig auf das Eisen geben und gleichmäßig verstreichen. Die Form schließen und die Waffeln backen, bis sie braun sind und eine feste Konsistenz haben.

5. Die Waffeln mit einem Klecks Kräuterquark servieren und wahlweise mit den gebratenen Spiegeleiern oder dem Räucherlachs belegen.

30 MINUTEN 2 PERSONEN

RÖST-BLUMENKOHL MIT FORELLEN-SALAT

ZUTATEN

FÜR DEN BLUMENKOHL

1 kleiner Blumenkohl
Salz, Pfeffer
Cayennepfeffer
2 EL Olivenöl

FÜR DEN SALAT

100 g Rucola
100 g bunte Kirschtomaten
150 g enthäutetes geräuchertes Forellenfilet
2 EL Olivenöl
2 EL Apfelessig

AUSSERDEM

1 EL geröstete Pinienkerne zum Garnieren

ZUBEREITUNG

1. Den Backofen auf 220 °C Ober-/Unterhitze (Umluft 200 °C) vorheizen und ein Backblech mit Backpapier auslegen. Den Blumenkohl in kleine Röschen teilen und den Strunk in dünne Scheiben schneiden. Alles in einem Sieb waschen und abtropfen lassen.

2. Den Blumenkohl in einer Schüssel mit Salz, Pfeffer und Cayennepfeffer würzen und mit Olivenöl vermischen. Auf dem Backblech auslegen und im heiße Ofen (Mitte) 15–20 Minuten rösten.

3. Inzwischen den Rucola verlesen, waschen, trocken schleudern und grob zerzupfen. Die Kirschtomaten waschen, nach Belieben halbieren oder vierteln. Das Forellenfilet schräg in dünne Stücke schneiden.

4. Den Blumenkohl aus dem Backofen nehmen und kurz abkühlen lassen. In einer Schüssel Rucola, Kirschtomaten und Forellenfiletstreifen mit Öl und Essig vermengen. Zuletzt den Blumenkohl hinzufügen und alles mit Salz und Pfeffer abschmecken.

5. Den Salat auf 2 Tellern anrichten und nach Belieben mit gerösteten Pinienkernen bestreuen.

VARIANTEN

Würziger und schärfer wird der Salat, wenn der Blumenkohlmischung noch etwas Chiliflocken und Currypulver beigemischt werden. Anstatt Rucola schmecken auch Zucchinistifte und Rosinen oder Möhrenraspel und geröstete Mandelblättchen.

15 MINUTEN ZUBEREITUNG + 50 MINUTEN BACKZEIT   2 PERSONEN

OFEN-KABELJAU MEDITERRAN

ZUTATEN

FÜR DEN OFEN-KABELJAU

600 g Wurzelgemüse (Möhre, Petersilienwurzel, Pastinake)

1 grüne Paprika

1 TL edelsüßes Paprikapulver

Salz, Pfeffer

3 EL Olivenöl

Saft von 1 Zitrone

2 Fleischtomaten

300 g Kabeljaufilet

AUSSERDEM:

1 große Auflaufform

ZUBEREITUNG

1. Den Backofen auf 200 °C (Ober-/ Unterhitze) vorheizen. Das Wurzelgemüse schälen und in Scheiben schneiden. Die Paprika halbieren, putzen, waschen und in Stücke schneiden. Das Gemüse in eine Auflaufform geben. Mit Paprikapulver, etwas Salz und Pfeffer, Öl und 3 EL Zitronensaft vermengen. Etwa 30 Minuten im heißen Ofen (Mitte) schmoren.

2. In der Zwischenzeit die Tomaten waschen und in Scheiben schneiden, dabei den Stielansatz entfernen. Das Fischfilet waschen, trocken tupfen und in mittelgroße Stücke schneiden. Mit restlichem Zitronensaft beträufeln und salzen.

3. Die Form aus dem Ofen nehmen. Den Fisch unter das Gemüse heben. Die Tomaten gleichmäßig auf den übrigen Zutaten verteilen. Weitere 20 Minuten schmoren lassen, bis das Gemüse gar ist.

35 MINUTEN 4 PERSONEN

BUNTE HIRSE-PFANNE
MIT HACKFLEISCH

ZUTATEN

200 g Hirse
2 Knoblauchzehen
je 1 rote und gelbe Paprika
4 Möhren
3 EL Rapsöl
500 g Rinderhackfleisch
400 ml Gemüsebrühe
Saft von 1 Orange
1 Bund Petersilie
Salz, Pfeffer

ZUBEREITUNG

1. Die Hirse in einem Sieb unter fließend heißem Wasser waschen und abtropfen lassen. Die Knoblauchzehen schälen und fein hacken. Die Paprika halbieren, putzen, waschen und in Streifen schneiden. Die Möhren schälen und klein würfeln.

2. In einer großen Pfanne das Öl erhitzen und das Hackfleisch darin krümelig anbraten. Knoblauch und Gemüse zufügen und bei schwacher Hitze 8 Minuten mitbraten, dabei gelegentlich umrühren. Die Hirse dazugeben, die Gemüsebrühe angießen und alles aufkochen. Bei schwacher Hitze 7–10 Minuten garen, gelegentlich umrühren. Den Orangensaft unterrühren und zugedeckt 5 Minuten quellen lassen.

3. Inzwischen die Petersilie waschen, trocken schütteln und klein hacken.

4. Die Hirse-Hackfleisch-Pfanne mit Salz und Pfeffer abschmecken mit gehackter Petersilie bestreuen und servieren.

60 MINUTEN 2 PERSONEN

BURRITO-CHICKEN-BOWL
MIT TOMATENSALSA

ZUTATEN

FÜR DIE BOWL

100 g Vollkornreis
Salz
1 Dose Kidneybohnen-Mais-Mix (425 g Füllgewicht)
½ Bund Rucola
1 kleine Avocado
1 TL Limettensaft
⅔ Bund Koriandergrün
250 g Hähnchenbrustfilet
¾ TL Chili-con-Carne-Gewürzmischung
½ TL brauner Zucker
Pfeffer
Öl zum Braten

FÜR DIE TOMATENSALSA

3 Tomaten
1 kleine rote Zwiebel
1 grüne Chilischote
⅓ Bund Koriandergrün
1 EL Limettensaft
Salz, Pfeffer
brauner Zucker

ZUBEREITUNG

1. Den Reis mehrmals gründlich unter kaltem Wasser abspülen und ca. 10 Minuten in kaltem Wasser einweichen lassen. In ein Sieb abgießen, nochmals spülen und abtropfen lassen. 220 ml Wasser aufkochen, leicht salzen und den Reis hineingeben. 2 Minuten sprudelnd kochen lassen, dann zugedeckt bei kleiner Hitze 30–40 Minuten garen. Anschließend auf ausgeschalteter warmer Herdplatte weitere 10 Minuten ausquellen lassen.

2. In der Zwischenzeit für die Salsa die Tomaten waschen, halbieren, den Stielansatz entfernen und die Kerne mit einem Löffel entfernen. Dann das Fruchtfleisch klein würfeln. Die Zwiebel schälen und klein würfeln. Chilischote waschen, halbieren, Kerne entfernen und die Schote möglichst fein hacken. Das Koriandergrün waschen, trocken schütteln, die Blätter abzupfen und fein hacken. Tomaten- und Zwiebelwürfel, Koriandergrün und Chili mischen, mit Limettensaft, Salz, Pfeffer und 1 Prise Zucker würzen und ziehen lassen.

3. Inzwischen den Kidneybohnen-Mais-Mix in ein Sieb abgießen, kalt abbrausen und abtropfen lassen. Den Rucola verlesen, waschen, trocken schütteln und kleiner zupfen. Die Avocado längs halbieren, Kern und Schale entfernen, das Fruchtfleisch würfeln und sofort mit Limettensaft mischen. Das Koriandergrün waschen, trocken schütteln, die Blätter abzupfen und grob hacken.

4. Das Fleisch kalt abbrausen, trocken tupfen und in dünne Schnitzel (ca. 1 cm dick) schneiden. Die Gewürzmischung mit dem Zucker mischen. Das Fleisch darin wenden und die Mischung gut andrücken, salzen und pfeffern. Reichlich Öl in einer beschichteten Pfanne erhitzen. Darin das Fleisch bei mittlerer bis großer Hitze beidseitig braun anbraten. Vom Herd nehmen und kurz in der Pfanne ruhen lassen, dann in schmale Streifen schneiden.

5. Den Reis auf 2 Schalen verteilen. Mit Kidneybohnen-Mais-Mix, Avocado, Rucola, Hähnchenstreifen und Tomatensalsa belegen. Alles mit Koriandergrün bestreuen.

30 MINUTEN ZUBEREITUNG + 20 MINUTEN BACKZEIT | 4 PERSONEN

LOW-CARB-COUSCOUS
MIT SPINAT UND PUTE

ZUTATEN

600 g Putenbrust
Salz, Pfeffer
2 mittlere Blumenkohlköpfe
1 Knoblauchzehe
1 Zwiebel
150 g Baby-Spinat
50 g Mandeln
30 g getrocknete Aprikosen
2 EL Olivenöl
30 g getrocknete Cranberrys

ZUBEREITUNG

1. Den Backofen auf 200 °C (Ober-/Unterhitze) vorheizen. Ein Backblech mit Backpapier auslegen. Das Putenfleisch trocken tupfen und in ca. 3 x 3 cm große Würfel schneiden. Mit Salz und Pfeffer würzen. Auf das Backpapier legen und im heißen Ofen (Mitte) 20 Minuten backen.

2. Inzwischen den Blumenkohl putzen, waschen und in Röschen teilen. Mit einer Küchenreibe fein raspeln. Knoblauch und Zwiebel schälen und fein hacken. Den Spinat waschen und trocken schütteln. Die Mandeln grob hacken. Die Aprikosen klein würfeln.

3. Das Putenfleisch aus dem Ofen nehmen und vorsichtig in kleine Stücke zupfen.

4. In einer beschichteten Pfanne das Öl erhitzen, Zwiebel und Knoblauch darin glasig anschwitzen. Den geraspelten Blumenkohl zufügen und rundum 3–4 Minuten anbraten, salzen und pfeffern.

5. Den Blumenkohl-„Couscous“ mit Putenfleisch, Spinat, Mandeln, Aprikosen und Cranberrys mischen und nochmals abschmecken. Auf 4 Schalen verteilen und servieren.

20 MINUTEN ZUBEREITUNG + 8 STUNDEN GEFRIEREN | 4 PERSONEN

KRÄUTERTEE-EIS
MIT BEEREN

ZUTATEN

FÜR DAS EIS

- 1 TL oder 1 Filterbeutel 7 x 7®-KräuterTee (Kräuter-Basentee von P. Jentschura)
- 100 g TK-Beerenmischung
- 100 ml Kokosmilch (Dose)
- 2 EL Ahornsirup

AUSSERDEM

- 4 Eisformen

ZUBEREITUNG

1. Den Filterbeutel oder losen Tee mit 200 ml kochendem Wasser übergießen, 2–3 Minuten ziehen lassen. Den Filterbeutel entfernen bzw. den Tee durch ein Sieb abseihen und abkühlen lassen.

2. Den Tee mit den restlichen Zutaten in einem Standmixer zu einer glatten Masse pürieren. Nach Belieben einige ganze Früchte unter die Eismasse mischen. Die Masse in die Förmchen füllen und mindestens 8 Stunden tiefkühlen.

TIPP

Wer keine Eisförmchen hat, kann kleine Trinkgläser nehmen. Die Masse einfüllen, mit Backpapier abdecken, mittig einen Schlitz einschneiden und einen Löffel durchstecken.

20 MINUTEN ZUBEREITUNG + 10 MINUTEN BACKZEIT 2 PERSONEN

MORGENSTUND'®-BROWNI
MIT ROTER FRUCHTSAUCE

ZUTATEN

FÜR DIE BROWNIES

35 g Kokosöl

70 g Zartbitterschokolade

1 Ei (Größe M)

50 g Reissüße (Pulver)

Salz

20 g MorgenStund'® (Hirse-Buchweizen-Brei von P. Jentschura)

FÜR DIE FRUCHTSAUCE

125 g Beerenmischung (frisch oder TK)

1 EL Reissüße (alternativ ½ EL Agavendicksaft)

1 EL Orangenlikör (alternativ Wasser)

AUSSERDEM

2 kleine ofenfeste Förmchen

Kokosöl zum Einfetten

2 EL Mandeln

Puderzucker zum Bestäuben

ZUBEREITUNG

1. Den Backofen auf 180 °C (Ober-/Unterhitze) vorheizen. Die Förmchen mit Kokosöl einfetten.

2. Das Kokosöl und die Schokolade in einem kleinen Topf langsam schmelzen lassen. In einer Schüssel das Ei mit Reissüße und 1 Prise Salz schaumig schlagen. Die Schokomasse unterheben, dann den MorgenStund'® unterrühren. Den Teig in die Förmchen füllen und im heißen Ofen (Mitte) ca. 10 Minuten backen. Anschließend abkühlen lassen.

3. Für die Sauce alle Zutaten in einen Topf geben, aufkochen und 3–4 Minuten köcheln lassen.

4. Die Mandeln grob hacken. Die Brownies aus der Form stürzen, mit Puderzucker bestäuben und mit der Fruchtsauce und Mandeln servieren.

20 MINUTEN ZUBEREITUNG + 45 MINUTEN BACKZEIT 4 PERSONEN

PFLAUMEN-AUFLAUF MIT CANTUCCINI-CRUNCH

ZUTATEN

FÜR DEN AUFLAUF

8–12 Pflaumen (je nach Größe, TK oder aus dem Glas)
280 ml Haferdrink
6 EL MorgenStund'® (Hirse-Buchweizen-Brei von P. Jentschura)
gemahlene Vanille
40 g Butter
2 Eier (Größe M)
50 ml Agavendicksaft
250 g Quark (20 % Fett)
5 Cantuccini (Mandelgebäck)
2 EL Mandelblättchen
gemahlener Zimt (nach Belieben)

AUSSERDEM

1 Auflaufform
Butter zum Einfetten

ZUBEREITUNG

1. Den Backofen auf 180 °C (Ober-/Unterhitze) vorheizen. Die Auflaufform einfetten. Die Pflaumen ggf. auftauen lassen.

2. Den Haferdrink in einem Topf zum Kochen bringen, MorgenStund'® einrühren und einige Minuten köcheln lassen. Den Brei zur Seite stellen und abkühlen lassen. Mit Vanille abschmecken.

3. Die Pflaumen nach Bedarf abtropfen lassen, halbieren und entsteinen. In einer Schüssel Butter, Eier und Agavendicksaft schaumig schlagen. Den Quark und den MorgenStund'®-Brei dazugeben und alles miteinander vermengen. In die Form füllen und mit den Pflaumenhälften belegen.

4. Die Cantuccini in einem Plastikbeutel mit einem Nudelholz zerkleinern und mit den Mandelblättchen über den Auflauf streuen. Nach Belieben mit Zimt würzen und 40–45 Minuten backen, bis eine goldbraune Kruste entstanden ist.

TIPP

Anstatt Pflaumen passt auch anderes Obst wie z. B. Beeren oder Aprikosen.

15 MINUTEN 2 PERSONEN

AVOCADO-HUMMUS
MIT MINZE

ZUTATEN

1 kleine reife Avocado
1 Knoblauchzehe
1 Limette
100 g Kichererbsen (Dose)
2 Stiele Minze
1 TL Tahin (Sesammus)
2 EL Olivenöl
Salz, Pfeffer

ZUBEREITUNG

1. Die Avocado halbieren, den Kern entfernen und das Fruchtfleisch aus der Schale lösen. Die Knoblauchzehe schälen und fein hacken. Die Limette halbieren und auspressen. Die Kichererbsen abspülen und abtropfen lassen. Die Minze waschen, trocken schütteln und grob zerkleinern.

2. Avocado, Kichererbsen, Knoblauch, Minze, Tahin und Olivenöl mit 30 ml Wasser in einen Mixer geben und cremig pürieren. Bei Bedarf etwas mehr Wasser dazugeben. Mit Limettensaft, Salz und Pfeffer abschmecken.

15 MINUTEN ZUBEREITUNG + 1 STUNDE KÜHLEN   FÜR 12 POWERBALLS

GOJI-POWERBALLS
MIT KOKOS

ZUTATEN

FÜR DIE POWERBALLS

60 g Großblatt-Haferflocken
120 g Erdnussmus (zimmerwarm)
2 EL Blütenhonig
½ TL gemahlener Zimt
2 TL Chia-Samen
20 g Goji-Beeren (alternativ Cranberrys)
20 g Kokosflocken

AUSSERDEM

Kokosflocken zum Wälzen
Abrieb von 1 Bio-Limette

ZUBEREITUNG

1. Alle Zutaten in einen Standmixer geben und so fein zerkleinern, dass eine formbare Masse entsteht. Diese zu 12 Kugeln formen.
2. Kokosflocken und Limettenabrieb auf einem Teller miteinander mischen und die Bällchen darin wälzen.
3. Die Powerballs mindestens 1 Stunde in den Kühlschrank stellen.

TIPP

Für vegane Bällchen statt Honig einfach Agavendicksaft oder Kokosblütensirup verwenden.

30 MINUTEN ZUBEREITUNG + 50 MINUTEN BACKZEIT FÜR 1 BACKBLECH

SESAM-CHIA-CRACKER
MIT FRISCHEN KRÄUTERN

ZUTATEN

FÜR DIE CRACKER

- 50 g Sesam
- 1 kleine rote Zwiebel
- 1 TL Olivenöl
- 60 g Chia-Samen
- 100 g gemischte Kerne (Pinien-, Sonnenblumen- und Kürbiskerne)
- 1 EL gehackte Kräuter
- ½ TL Salz

AUSSERDEM

- frische Kräuter (z. B. Salbei, Basilikum, Thymian, Oregano)

ZUBEREITUNG

1. Den Backofen auf 175 °C (Ober-/Unterhitze) vorheizen und ein Backblech mit Backpapier auslegen.
2. Den Sesam in einer Pfanne ohne Fett goldbraun anrösten. Die Zwiebel schälen und fein hacken. Das Öl in einer Pfanne erhitzen und die Zwiebel darin goldgelb anbraten.
3. Alle Zutaten mit 180 ml Wasser in eine Schüssel geben, verrühren und 20 Minuten quellen lassen, bis die gesamte Flüssigkeit aufgenommen wurde.
4. Inzwischen die Kräuter für die Dekoration waschen, trocken schütteln und die Blätter abzupfen.
5. Den Teig so dünn wie möglich auf das Backblech streichen und die frischen Kräuter in den Teig drücken. Auf der mittleren Schiene 15 Minuten backen. Je dicker der Teig, desto länger die Backzeit.
6. Das Backblech herausnehmen und die Cracker mit einem scharfen Messer in Rechtecke schneiden. Anschließend vorsichtig wenden und weitere 20–35 Minuten (variiert je nach Teigdicke) goldbraun und knusprig backen. Die Cracker aus dem Backofen nehmen und auf einem Rost auskühlen lassen.

TIPP

Luftdicht verpackt, halten sich die Cracker einige Wochen. Sie eignen sich gut zum Dippen für den minzigen Avocado-Hummus (siehe S. 130) und als Knäckebrot-Ersatz.

STICHWORT-/REZEPTREGISTER

REZEPTREGISTER

A

LITERATURVERZEICHNIS

Adeva MM, Souto G (2011): Diet-induced metabolic acidosis. In: Clinical Nutrition, 30 (4), S. 416–421.

Barbagallo M, Belvedere M, Dominguez LJ (2009): Magnesium homeostasis and aging. In: Magnesium Research, 22 (4), S. 235–246.

Barzel US, Massey LK (1998): Excess dietary protein can adversely affect bone. In: Journal of Nutrition, 128 (6), S. 1051–1053.

Buclin T et al. (2001): Diet acids and alkalis influence calcium retention in bone. In: Osteoporosis International, 12 (6), S. 493–499.

Domke A et al. (Hrsg.) (2004): Verwendung von Mineralstoffen in Lebensmitteln. Toxikologische und ernährungsphysiologische Aspekte, Teil II. BfR-Wissenschaft, Berlin.

Dong JY, Xun P, He K, Qin LQ (2011): Magnesium intake and risk of type 2 diabetes: meta-analysis of prospective cohort studies. In: Diabetes Care, 34 (9), S. 2116–2122.

Frassetto L et al. (2001): Diet, evolution and aging. The pathophysiologic effects of the post-agricultural inversion of the potassium-to-sodium and base-to-chloride ratios in the human diet. In: European Journal of Nutrition, 40 (5), S. 200–213.

Giachelli CM (2009): The emerging role of phosphate in vascular calcification. In: Kidney International, 75 (9), S. 890–897.

Heine H (2005): Die extrazelluläre Matrix als Attraktor für Verschlackungsphänomene. In: Ärztezeitschrift für Naturheilverfahren, 46 (5), S. 263–266.

Kessler T, Hesse A (2000): Cross-over study of the influence of bicarbonate-rich mineral water on urinary composition in comparison with sodium potassium citrate in healthy male subjects. In: British Journal of Nutrition, 84 (6), S. 865–871.

Kiefte-de Jong JC et al. (2017): Diet-dependent acid load and type 2 diabetes: Pooled results from three prospective cohort studies. In: Diabetologia, 60 (2), S. 270–279.

Libuda L et al. (2008): Association between long-term consumption of soft drinks and variables of bone modeling and remodeling in a sample of healthy German children and adolescents. In: The American Journal of Clinical Nutrition, 88 (6), S. 1670–1677.

Manz F (2001): History of nutrition and acid-base physiology. In: European Journal of Nutrition, 40 (5), S. 189–199.

Oberleithner H et al. (2007): Plasma sodium stiffens vascular endothelium and reduces nitric oxide release. In: Proceedings of the National Academy of Sciences of the United States of America, 104 (41), S. 16281–16286.

Oberleithner H et al. (2009): Potassium softens vascular endothelium and increases nitric oxide release. In: Proceedings of the National Academy of Sciences of the United States of America, 106 (8), S. 2829–2834.

Remer T (2001): Influence of nutrition on acid-base balance-metabolic aspects. In: European Journal of Nutrition, 40 (5), S. 214–220.

Remer T, Manz F (1995): Potential renal acid load of foods and its influence on urine pH. In: Journal of the American Dietetic Association, 95 (7), S. 791–797.

Reynolds A et al. (2019): Carbohydrate quality and human health: a series of systematic reviews and meta-analyses. In: The Lancet, 393 (10170), S. 434–445.

Siener R (2006): Einfluss der Ernährung auf den Säure-Basen-Haushalt. In: Ernährungs Umschau, 53 (5), S. 168–173.

Vormann J, Gödecke T (2006): Acid-base homeostasis: Latent acidosis as a cause of chronic diseases. In: Schweizerische Zeitschrift für Ganzheitsmedizin, 18 (5), S. 255–266.

Worlitschek M, Mayr P (2013): Richtig einkaufen – Säure-Basen-Balance: Für Sie bewertet: 300 Lebensmittel und Fertigprodukte, 4. überarbeitete Auflage, Trias Verlag, Stuttgart.

Links

adipositas-gesellschaft.de
Deutsche Adipositas-Gesellschaft e. V. (DAG), Martinsried

basianer.de
Deutsche Gesellschaft für basisches Leben e. V. (DGBL), Hohenfelde und Hamburg

bmel.de
Bundesministerium für Ernährung und Landwirtschaft (BMEL), Bonn und Berlin

bzfe.de
Bundeszentrum für Ernährung (BZfE) in der Bundesanstalt für Landwirtschaft und Ernährung (BLE), Bonn

dge.de
Deutsche Gesellschaft für Ernährung e. V. (DGE), Bonn

dgk.de
Deutsches Grünes Kreuz e. V., Marburg

richtig-essen-institut.de
Beratungsgesellschaft für Ernährung und Gesundheit mbH, Rosenheim

saeure-basen-forum.de
Institut für Prävention und Ernährung (IPEV), München

zaen.org
Zentralverband der Ärzte für Naturheilverfahren und Regulationsmedizin e. V. (ZAEN), Freudenstadt

ÜBER DIE AUTORIN

Pepe Peschel ist Medizinjournalistin, Moderatorin und Buchautorin in München. Pepe widmet sich aus vollem Herzen feinfühlig dem, was uns im Alltag bewegt und wo der Einzelne oft alleine nicht weiterkommt. Gemeinsam mit namenhaften Verlagen setzt sich die Pferde- und Naturliebhaberin u. a. für ganzheitliche Therapiemethoden und eine nachhaltige Lebensweise ein – für Individualität statt Schubladendenken, in der Medizin und im Leben.

ZUM WEITERFASTEN ...

INTERVALLFASTEN FÜR BERUFSTÄTIGE –
Schlank und gesund im Stundentakt – Mit 50 schnellen Power-Rezepten

978-3-96093-339-7

15,00 € (DE) / 15,50 € (AT)

KETO-INTERVALLFASTEN – DAS TURBO-STOFFWECHSELPROGRAMM –
Mit über 50 Low-Carb-High-Fat-Rezepten effektiv abnehmen

978-3-96093-536-0

15,00 € (DE) / 15,50 € (AT)

IMPRESSUM

Bibliografische Information der Deutschen Bibliothek.

Die Deutsche Bibliothek verzeichnet diese Publikation in der Deutschen Nationalbibliografie.

Detaillierte bibliografische Daten sind im Internet über http://www.dnb.de/ abrufbar.

Die im Buch veröffentlichten Aussagen, Erfahrungen und Ratschläge wurden von den Verfassern und vom Verlag nach bestem Wissen und sehr sorgfältig erarbeitet und geprüft. Eine Garantie für das Gelingen kann jedoch nicht übernommen werden, ebenso ist die Haftung der Verfasser bzw. des Verlags und seiner Beauftragten für sämtliche Personen-, Sach- und Vermögensschäden ausgeschlossen. Alle vorgestellten Informationen, Inhalte und Gedanken bzw. persönliche Meinungen bieten keinen Ersatz für eine individuelle medizinische Beratung. Dies nicht zuletzt mit Blick auf die ständigen Entwicklungen, neuen Forschungen und fortlaufenden Erkenntnisse, denen die Medizin wie jede andere Wissenschaft unterworfen ist. Jede Leserin und jeder Leser ist für das eigene Tun und Lassen selbst verantwortlich.

Bei der Verwendung im Unterricht ist auf dieses Buch hinzuweisen.

EIN BUCH DER EDITION MICHAEL FISCHER

1. Auflage 2019

Projektleitung und Lektorat: Marline Ernzer

Rezeptredaktion: Christina Wiedemann, München

Cover, Layout, Satz: Pia von Miller

Rezepte: P. Jentschura: S. 66, 86-94, 112, 124-128; Christina Wiedemann: S. 68, 70, 100, 102, 106, 110, 118, 122, 130; Tanja Dusy: S. 120; Michael Weckerle: 72, 74, 78; Anne Iburg: 76, 96, 104, 108, 116; Irina Pawassar: 80, 82; Super Danke (www.superdanke.com): 84; Rose Marie Donhauser: S. 98, 114; Sabrina Sue Daniels: 132, 134

Fotografie: P. Jentschura: 67, 87-95, 113, 125-129; Sabrina Sue Daniels: S. 69, 71, 103, 111, 119, 123, 131, 133, 135; SHOT Fotografie/Katja Schubert: 107; Nadja Buchczik & Anton Enns: S. 73, 75, 79, 99, 101, 115, 121; Claudia Timmann: 77, 97, 105, 109, 117; Brigitte Sporrer: S. 81-85

Illustrationen: Shutterstock/©anfisa focusova

Mit herzlichem Dank an P. Jentschura!

ISBN 978-3-96093-497-4

Gedruckt bei Polygraf Print, Čapajevova 44, 08001 Prešov, Slowakei

www.emf-verlag.de